FULBERT STEFFENSKY

Heimathöhle
Religion

Ein Gastrecht für widersprüchliche Gedanken

RADIUS

Fulbert Steffensky, 1933 in Rehlingen/Saar geboren, Studium der kath. und evang. Theologie, danach Praxis in Schule und Seelsorge. 1972 Promotion, anschließend Professur für Erziehungswissenschaft an der Fachhochschule Köln. Ab 1975 Professor für Religionspädagogik am Fachbereich Erziehungswissenschaft der Universität Hamburg.

Von Fulbert Steffensky liegen im Radius-Verlag vor:

Gewagter Glaube
Mut zur Endlichkeit. Sterben in einer Gesellschaft der Sieger
Der Schatz im Acker. Gespräche mit der Bibel
Schöne Aussichten. Einlassungen auf biblische Texte
Schwarzbrot-Spiritualität
Wo der Glaube wohnen kann
Die Zehn Gebote. Anweisungen für das Land der Freiheit

Und die von ihm herausgegebene Anthologie
Ein seltsamer Freudenmonat
24 Adventsgedichte und 24 Adventsgeschichten

ISBN 978-3-87173-982-8
Copyright © 2015 by RADIUS-Verlag GmbH Stuttgart
Alle Rechte der Verbreitung, auch durch Film, Funk, Fernsehen,
fotomechanische Wiedergabe, Tonträger jeder Art,
auszugsweise erfolgenden Nachdruck oder Einspeicherung
und Rückgewinnung in Datenverarbeitungsanlagen aller Art
sind vorbehalten.
Umschlag: André Baumeister
Gesamtherstellung: CPI, Clausen & Bosse, Leck
Gedruckt auf holz- und säurefreiem Werkdruckpapier
Printed in Germany

Vorwort

Ich war im letzten Jahr zu einer Tagung mit dem Titel »Verfemte Begriffe aus der Geschichte des Christentums«. Wir haben uns gefragt, welche Wörter und Bilder aus der Geschichte der christlichen Tradition heute eher schamhaft verschwiegen werden. Wir haben über Sünde, Gericht, Jüngstes Gericht, Sühne und Gehorsam gesprochen. Wir haben darüber gesprochen, welche Gefahren von der Überwertigkeit dieser Traditionen ausgehen. Wie es bei theologischen Veranstaltungen immer der Fall ist, waren die meisten der Teilnehmenden alt. Sie haben sich gegenseitig ihre Wunden gezeigt, die ihnen mit diesen Traditionen geschlagen wurden. Sie erzählten, wie ihnen das Leben eingeengt wurde mit den Begriffen Sünde und Schuld, Gehorsam und Gericht. Des Jammerns war kein Ende.

Es waren einige jüngere Menschen in diesem Kreis, die uns Alten mit großmütigem Verständnis zuhörten. Aber ihr Verständnis war begrenzt. Irgendwann war es ihnen genug, und sie erklärten: Wir haben andere Probleme. Ihr kämpft gegen die engen Grenzen. Wir fragen uns, was uns eigentlich noch begrenzt. Ihr musstet euch wehren gegen eure so eng interpretierten Welten. Wir fragen uns, wo wir überhaupt noch interpretierte Welten finden. Ihr musstet euer eigenes Gewissen erobern gegen die diktierten Welten. Wir suchen nach Verbindlichkeiten, die uns von uns selber befreien. Sie stellten uns eine Aufgabe. Bisher – so sagten sie – wart ihr die Staatsanwälte gegen eure eigene Geschichte. Jetzt wechseln wir die Rollen. Jetzt spielt ihr die Verteidiger eurer Traditionen! Beschämt machten sich die Alten daran, die Befreiungsmomente der Traditionen zu suchen, die sie so beklagt hatten. Die Klage und Anklage fiel ihnen leichter als die Aufgabe, die ihnen die klügeren Jungen zugemutet haben. Die Anklage fällt ja immer leichter, als die Güte der eigenen Geschichte zu sehen.

Diese jungen Menschen haben uns aus der beklagenswerten Vergangenheit in die Gegenwart geholt. Welche Speisen waren vergiftet? haben wir gefragt. Sie sagten: Lasst uns doch lieber fragen, von welchen Broten wir in der kargen Gegenwart noch leben können! Schafft nichts voreilig ab, rieten sie, sondern interpretiert! Wir haben nichts zu verschwenden. Schaut lieber, welche Freiheitsmomente auch jene Überlieferungen enthalten, die euch nicht mehr schmecken! Werft nichts weg, denn das Brot ist knapp!

Diese jungen Menschen waren keine Traditionalisten, und sie wollten sich nicht neu unter das Diktat der Toten stellen. Das gibt es natürlich auch und nicht gerade selten unter jüngeren Menschen, die ihre eigene Freiheit nicht ertragen und sich wieder in das Diktat der ungeprüften Vergangenheit flüchten; die sich in enge Gefängnisse retten, weil sie die offenen Horizonte des eigenen Gewissens und Denkens nicht ertragen. Die jungen Menschen meiner Tagung – es waren übrigens vor allem Frauen – wollten ein Erbe, aber sie kämen nicht auf die Idee, dass das Erbe sie bannen könnte. Es waren hungrige Freigeister. Wir Alten haben viele Zelte der Tradition abgebrochen, obwohl wir danach im Regen standen. Das bedaure ich nicht. Man muss gelegentlich Zelte abbrechen, obwohl die neuen noch nicht gebaut sind. Aber gelegentlich kämpfen wir auch an Fronten, an denen die Gegner schon lange verschwunden sind, und wir werden damit ein bisschen lächerlich. Ich selbst bin in den letzten 20 Jahren immer aufmerksamer auf diese Überlieferungen geworden, vielleicht auch deswegen, weil ich im Alter mehr spüre als in jungen Jahren, wie wenig selbstverständlich der Glaube an Gott und an die Güte des Lebens ist. Um es in einem Widerspruch zu nennen: Ich bin konservativer und heimatloser geworden. In meinem Herzen und in meinem Kopf haben widersprüchliche Gedanken und Gefühle Gastrecht; Gedanken des Glaubens, aber auch der Zweifel, dieser aufdringliche Geselle. Ich habe es hoffentlich nicht aufgegeben, ein Freigeist zu sein. Aber ein Freigeist kann nicht mit sich allein sein und bleiben. Jede Freiheit braucht Zeugen, sie braucht Gesprächspartner und Geburtshelferinnen. Man ist nicht ihr alleiniger Autor. Erst im Gespräch und in der Fähigkeit, auf fremde Stimmen zu hören, bilden sich Denken und Gewissen. Meine Tradition ist mir Partnerin im Gespräch, sie gewiss nicht allein. Aber sie ist meine Hauptzeugin.

In diesem kleinen Buch versuche ich jenes Gespräch zu führen. Die einzelnen Teile haben wenig Systematik, und die Themen sind zufällig. Die Texte sind meistens Auftragsarbeiten. Es sind Fragmente – in jeder Hinsicht!

Luzern, Aschermittwoch 2015   *Fulbert Steffensky*

Dorothee Sölle – ein Wildfang der Hoffnung

Es fällt mir schwer, über Dorothee Sölle zu schreiben, über die Frau, mit der ich 34 Jahre verheiratet war. Ich meide Veranstaltungen, in denen ihrer gedacht wird. Ich versuche, das zentrale kirchliche Haus in Hamburg zu übersehen, das ihren Namen trägt. Ich erlebe sie in solchen Situationen als Beredete, nicht als Redende; als Symbol, nicht als ein Mensch aus Fleisch und Blut; eindeutiger gemacht, als sie je war. Sie ist ihrer Widersprüche entkleidet und verehrungswürdig geworden. Sie hat ihre Unvollkommenheit verloren und damit ihren rotzigen Charme. Ich will nicht falsch verstanden werden. Ich freue mich darüber, wenn ihre Texte in Schulbüchern, Anthologien und Kalendern erscheinen. Ich freue mich, wenn eine Straße nach ihr benannt wird. Nur ich selbst gehe nicht gern durch diese Straße, weil die Frau, die ich geliebt und mit der ich gelebt habe, mir dort als Denkmal erscheint. Dazu ist sie mir noch zu wenig tot. Ich höre nicht auf, mit ihr zu reden und zu streiten. Toten gegenüber darf man nicht das letzte Wort behalten. Aber wenn ich sie nicht für tot erkläre, dann werde ich nicht aufhören, die Schönheit ihrer Sprache zu loben; sie auf ihre Widersprüche hinzuweisen; mein Unverständnis auszudrücken; mit ihr zu streiten und mich über unsere grundsätzliche Gemeinsamkeit zu freuen.

Ich finde einen kleinen Text von Dorothee Sölle, den sie wenige Tage vor ihrem Tod geschrieben hat, eine kurze Auslegung eines Verses aus dem Psalm 33: »*Unser Herz freut sich des Herren, und wir trauen auf seinen heiligen Namen.*« – Sie schreibt dazu, schon mit müder Hand:

Die Freude an Gott ist vielleicht das Allerwichtigste, was die Psalmen uns lehren können. Das Buch der Psalmen ist ja das Liederbuch, das Gesangbuch des Alten Bundes. In ihm stehen verzweifelte Lieder, Klagerufe, Bittgesänge, aber eben auch und vielleicht an erster Stelle die Freude an Gott, an seiner Schöpfung, an Sonne, Mond und Sternen, die auf- und untergehen, an Wäldern und Feldern, an Narzissen und Tulipan. »Oh, wie schön ist Deine Welt, Vater, wenn sie golden strahlet, wenn Dein Glanz herniederfällt und die Luft mit Schimmer malet« ist ein Lied, das wir früher oft gesungen haben. Es ist eine Art von Glück, diese Freude an, oder sollte man nicht besser sagen, »in« Gott?

Die Psalmen sind in einer Elendswelt entstanden, die wir uns heute kaum noch vorstellen können. Abhängigkeit vom Wetter, vom fehlenden Wasser, von Krankheiten, von Schmerzen, Ängsten, Nöten, denen die Menschen schutzlos ausgeliefert waren. Wieso spielt in dieser Welt der Ängste vor wilden Tieren und habgierigen Feinden, vor frühem Tod und sterbenden Kindern das Lob Gottes eine solche Rolle? Warum »freut sich unser Herz« und woher kommt dieses merkwürdige Vertrauen, dass es auch morgen etwas zum Freuen gibt? In einer jüdischen Psalmenauslegung heißt es: Die Welt wird erst sichtbar, wo sie besungen wird. Und wir werden erst glücklich, wenn wir mitsingen.

Diese Freude in Gott ist in dem kleinen letzten Text eher ein Jubelruf oder ein Gebet. In ihrem Mystikbuch ist sie distanzierter und reflektierter beschrieben:

Der innerste Ort mystischer Gewissheit lässt sich mit dem alltäglichen Wort »Freude« benennen, und ohne sie zu spüren, zu ahnen oder wenigstens zu vermissen, ist die Rede von der mystischen Nähe Gottes unmöglich. … Die Freude, der Jubel, die Ekstase, die ohne Grund, Anlass oder Zweck die Seelen »bewohnt«, verändert sie in verschiedenen Dimensionen. Die Trennungen und Rollenvorschriften der Gesellschaft werden durcheinandergewirbelt, das Verhältnis zum Selbstausdruck des Körpers und zur Leiblichkeit intensiviert sich, und Freude ist die Grundlage, auf der Mystik

*und Ästhetik in ein Verhältnis treten; beide beziehen sich
auf die Schönheit. (Mystik, S. 225)*

Ich greife zunächst das Wort Schönheit auf. Ihr Durst nach
Schönheit ist von ihrer frühen Jugend an ihr Durst nach
Musik. In Tagebuchaufzeichnungen der 16-Jährigen heißt
es:

*Ganz tief innen weiß ich, dass Musik und die Natur die Ele-
mente meines Lebens sind. Musik muss man irgendwie im
Blut haben und ganz fest wissen, wie unverlierbar dies für
mich ist, wie sie einfach zu mir gehört. Töne, Töne, Töne.
... Ich kann mir nichts Schöneres denken als Musiklehrerin
zu werden und jungen Menschen diese Welt zu erschließen.
... Ich höre die Johannespassion. Ich möchte so gerne singen, immerzu. Eigentlich können nur junge Menschen
singen. Man darf nicht über den Liedern stehen. Man muss
sie leben. Alle Traurigkeit und alles Jubeln muss echt sein
in dem Augenblick, da mein Mund sie singt. ... Ich möchte Märchen schreiben und singen, nichts als singen.*

Es gibt kaum eine Seite ihrer Tagebücher, auf der nicht ein
Konzertbesuch oder ein Singen mit den Freundinnen ver-
zeichnet ist. Bis in die letzten Wochen ihres Lebens hat sie
im Chor ihrer Kirchengemeinde gesungen und hat sie Klavier gespielt. Sie konnte es am Ende nicht mehr sehr gut.
Aber ihre mangelnde Fähigkeit hat ihr die Lust am Spielen
nicht verdorben. Sie war eben eine Dilettantin, eine große
Liebhaberin. Die Freude an Musik, an Gedichten, an der
Natur und an Freundschaften ist sicher nicht die Freude »in
Gott«, wie sie es in ihrem letzten Text nennt. Aber es ist ein
Propädeutikum jener anderen großen Freude. Sie lernt
früh – wenn man so will – Grundeigenschaften der Mystik,
nämlich das Staunen, das Loben und das Danken. In ihrem
letzten Vortrag am Vorabend ihres Todes spricht sie über
die Mystik und beginnt mit dem Staunen.

Ich denke, dass jede Entdeckung der Welt uns in einen Jubel stürzt, ein radikales Staunen, das die Schleier der Trivialität zerreißt. Nichts ist selbstverständlich und am allerwenigsten die Schönheit. Es gibt keinen mystischen Weg, der zur Einigung führen kann, wenn nicht dieses Staunen da ist. Staunen heißt, wie Gott nach dem sechsten Tag die Welt wahrnehmen: »Und siehe, es war alles sehr gut!« Das ist ein Anfang. Die Seele braucht das Staunen, das immer wieder erneute Freiwerden von Gewohnheiten, Sichtweisen, Überzeugungen, die sich wie Fettschichten, die unberührbar und unempfindlich machen, um uns lagern. ... Staunen oder Verwunderung ist eine Art, Gott zu loben – übrigens auch dann, wenn sein Name nicht genannt wird.

In ihrem Buch »Gegenwind« (1995, S. 286) schreibt sie:

Ich finde, man muss Gott loben, um das so fromm zu sagen. Ohne zu loben atmen wir nicht wirklich. Und zu nennen, was gut ist und befreiend, ist der einzige Weg, die Erfahrung der Befreiung zu verteilen.

Ihre Fähigkeit zu staunen, ihre Lust an der Schönheit der Musik, der Natur und Literatur verdankt sie auch ihrer bildungsbürgerlichen Herkunft. Als sie mir einmal die Stellen über die Musik aus ihrem Tagebuch vorgelesen hat, habe ich geantwortet: »Während du die Passionen hörtest und Klavier spieltest, musste ich Ziegen hüten und Kartoffeln hacken.« Caroline Sölle, Ärztin aus Bolivien und Dorothees Tochter, schrieb: »Die Armen werden selig gesprochen, weil sie so bitter unselig sind. Armut macht unglaublich hässlich, äußerlich und innerlich. Wenn ich meine Sprechstunde halte, bin ich immer wieder erstaunt über die Hässlichkeit der Armut. Die Armen sehen den Müll nicht, in dem sie leben, sie sehen darin nur, ob man da noch etwas finden könnte zum Essen oder zum Wiederverkaufen. Sie sehen die Schönheit der Natur nicht, sondern denken beim Sonnenuntergang nur daran, ob sie genug Decken zum

Zudecken in der Nacht haben. Sie lieben einander herzlich wenig, der Enkel schlägt die Großmutter, die ihm nicht genug Geld für Drogen gibt, nachdem der Vater sich zu Tode gesoffen hat und die Mutter die Familie verließ. Die Frau, die ihre sechs Kinder und ihren rheumatisch verkrüppelten Mann durchbringt als Wäscherin, die zu acht in einem winzigen Zimmerchen hausen, aus dem die Vermieterin sie wieder hinauswirft, sie hat kein Lächeln übrig.« Die Schönheit der Welt wahrnehmen zu können oder sie zu übersehen, ist nicht unabhängig vom ökonomischen Schicksal der Menschen. Dorothee ist trotz des Krieges aufgewachsen in einer behüteten Welt. Sie hatte die Möglichkeit, zu lesen, zu wandern und Musik zu hören. Sie hatte Zeit für die Schönheit und Zeit, sich selber wahrzunehmen. Sie lebte nicht wie die meisten Menschen in einer Welt ständiger Nötigungen; in einer Welt der Armut, in der Menschen keine Zeit für zwecklose Schönheiten haben; in einer Welt »sunder warumbe«, das Wort von Meister Eckart, das sie oft zitierte. Die Fähigkeit, zu loben und zu danken, hängt auch davon ab, ob einem die Welt, in der man lebt, etwas zu loben und zu danken gibt. Die Fähigkeit zu glauben setzt voraus, dass das Leben sich als glaubwürdig erweist. In einem Gedicht aus Kuba heißen zwei Zeilen: »Gestillt werden kann der Hunger nach Brot, grenzenlos ist der Hunger nach Schönheit.« Leider kann die Armut auch den Hunger nach Schönheit aus den Herzen der Menschen reißen.

Ich interessiere mich vor allem für das, was man bei Dorothee Sölle nicht vermutet und was mir selbst vielleicht wenig geläufig ist. Dazu gehört, wie sie es oft geradezu naiv nennt, die Freude an Gott und die Liebe zu Gott. Von dieser Gottesliebe wird in der Theologie wenig gesprochen, viel bei Dorothee Sölle und bei Karl Rahner. In ihrem Mystikbuch (S. 175) zitiert sie Karl Rahner:

Haben wir schon einmal versucht, Gott zu lieben, dort, wo keine Welle einer gefühlvollen Begeisterung einen mehr

trägt, wo man sich und seinen Lebensdrang nicht mehr mit
Gott verwechseln kann, dort, wo man meint zu sterben an
solcher Liebe, wo sie erscheint wie der Tod und die absolu-
te Verneinung, dort, wo man scheinbar ins Leere und
gänzlich Unererhörte zu rufen scheint.

Dorothee Sölle liebte das Johannesevangelium (diese Liebe teile ich nur begrenzt) und besonders jenen Vers 11 aus
dem 15. Kapitel: »Das sage ich euch, damit meine Freude
in euch bleibe und eure Freude vollkommen werde.« Was
ist diese vollkommene Freude, von der die Autoren des Alten und Neuen Testaments sprechen und die die Mystiker
kennen? »Mein Leib und meine Seele freuen sich in Gott«,
singt der Psalmist (84,3). »Die Freude am Herrn ist eure
Stärke«, heißt es bei Nehemia (8,10). Als Frucht des Geistes beschreibt Paulus im Galater (5,22) diese Freude.

Das Lob und die Freude an Gott sind ein Grundton ihrer Theologie und ihrer Bestimmung der Mystik. Die fol-
genden zornigen Zeilen in einem ihrer Gedichte widersprechen dieser Behauptung:

> *Warum ich gott so selten lobe*
> *fragen die freunde mich immer wieder*
> *verdammt bin ichs denn*
> *war der bund nicht zweiseitig*
> *dass er etwas lobenswertes tut oder vorbeischickt*
> *und ich etwas zum loben entdecke*

Ich sehe ihre Widersprüche: Gott loben und ihn anklagen;
ihm danken und ihn auffordern, endlich Gott zu sein; ihn
preisen und blasphemisch sagen (wie sie es in einer Ge-
dichtszeile tut): »Außerdem hätte ich nichts gegen gott /
wenn er sich an seine versprechen hielte.« Widersprüche!
Es sind die Widersprüche, die wir in den Psalmen finden:
Gott loben und fragen: Wo bist du, Gott? Warum schweigst
du? Wie lange soll das Unrecht triumphieren? Dorothee
Sölle hatte Angst vor einer systematisch-glatten Theologie,

aus der alle Ungereimtheiten entfernt sind. Sie wollte die Widersprüche retten. Es gibt eine verwohnte religiöse Sprache, eine theologische Gedankenlosigkeit, die den Zweifel nicht kennt und nicht ehrt. Es gibt eine religiöse Redewelt, in der die Worte ihre Gültigkeit haben, weil sie dauernd gesprochen werden, weniger darin, dass sie geglaubt werden. Dort besteht die Gefahr, dass man eher an die Worte glaubt als an Gott. Auch das ist ja eine Form des Unglaubens. Die Wirklichkeit hat es gelegentlich schwer, erkennbar zu werden unter dem Horizont der immer schon beredeten Welt und der »verbrauchten Geheimnisse« (J. B. Metz). Vielleicht sollte man erst predigen, wenn man sich seines Unglaubens so sicher ist wie seines Glaubens. In einem reinen innertheologischen Lispeln kann man die hehren, stimmigen theologischen Sätze umstandslos aneinanderfügen, aber eine reine und lösungsversessene Theologie ist nichts anderes als »verweigerte Weltwahrnehmung« (J. B. Metz). Verbrauchte Geheimnisse! Schwer wird die Sprache, wenn wir angesichts der Tsunamis und der Weltuntergänge, die Menschen erleben, die Verheißungen nach der Sintflut lesen: »Ich richte meinen Bund mit euch auf, dass hinfort nicht mehr alles Fleisch verderben soll durch die Wasser der Sintflut.« (1 Mose 9,11) Eine gute theologische Sprache ist eine schwere Sprache, die uns nicht leicht von den Lippen geht. Ihr ist es nicht möglich, die Widersprüche zu tilgen. Dorothee Sölle wollte Gott »loben ohne lügen« – so heißt der Titel eines ihrer Gedichtbände. So sagt sie es in einem Gedicht mit dem gleichen Titel:

> *Und gib mir einen neuen geist*
> *dass ich dich loben kann*
> *ohne zu lügen*
> *mit tränen in den augen*
> *wenns denn sein muss*
> *aber ohne zu lügen*

An ihren Widersprüchen lag es auch, dass sie so widersprüchlich wahrgenommen wurde. Die einen sagen, sie habe das Glaubensbekenntnis zertrümmert und Menschen in ihrem Glauben irritiert. Die anderen sagen, ohne sie wären sie nicht in der Kirche geblieben und hätten ihre Kinder nicht taufen lassen. Die einen sagen, sie hätte die Kirche verachtet und die Trauerfeier für sie hätte nicht in einer Hamburger Hauptkirche stattfinden dürfen. Die anderen sagen, sie habe ihnen geholfen, im Pfarrberuf zu bleiben. Die einen sagen, sie hätte das Evangelium instrumentalisiert zu politischen Zwecken. Die anderen haben ihrer Mystik und ihrer Frömmigkeit misstraut und sie für zu unpolitisch gehalten. Dorothee Sölle konnte weder von den Frommen noch von den Politischen, weder von den Konservativen noch von den Aufklärern ganz eingefangen werden. Sie erlaubte sich, die jeweils andere zu sein – den Frommen die Politische, den Politischen die Fromme, den Bischöfen die Kirchenstörerin und den Entkirchlichten die Kirchenliebende. Das hat viele irritiert. Peter Bichsel hat einmal geschrieben: »Der Satz, der mich in meinem Leben am tiefsten betroffen gemacht hat, ist der Satz von Dorothee Sölle: ›Christ sein bedeutet das Recht, ein anderer zu werden.‹« Sie hat sich das Recht herausgenommen, eine andere zu sein als die Vermutete. Ich habe oft zu ihr gesagt: Das Schönste an dir ist deine Widersprüchlichkeit.

Widersprüchliche Menschen sind durstige Menschen. Es genügt ihnen nicht, der eine Benennbare und in seinen Grenzen Erkennbare zu sein. Es dürstet sie nach mehr, sie sind sich selber nicht genug in der einen Figur, sie beanspruchen das Recht, ein anderer zu sein und zu werden. Und so sind sie in sich selber nie ganz zuhause. Sie sind schlechte Gesellen in den Vaterländern, in denen sie jeweils wohnen, vaterlandslose Gesellen auch in sich selber.

Noch einmal zurück zur Gottesliebe! Dorothee Sölle hält 2001 im Universitätsgottesdienst in Hamburg eine Predigt über Hiob. Sie kritisiert die Freunde Hiobs, die Leiden nur als gerechte Strafe verstehen wollen. Sie spricht über die merkantilistische Vorstellung Satans, der einen zweckfreien Glauben und eine interessensfreie Religion nicht denken kann. Darum seine Annahme: Hiob fürchtet Gott nicht umsonst. Gott hat ja das Werk seiner Hände mit Reichtum und Wohlstand gesegnet. »Aber strecke deine Hand aus und taste alles an, was er hat: Was gilt's, er wird dir ins Angesicht absagen.« (Hiob 1,11) Dann Dorothee Sölles Erklärung einer mystischen Liebe zu Gott, die keine Zwecke kennt und sich darum auch im Leiden durchhält:

Ich glaube, dass man Religion nur versteht, wenn man die Liebe zu Gott ohne Warum, ohne Zwecke, ohne Bezahlung denken kann. Wenn die Liebe zu Gott, also das wichtigste Gebot, nichts ist als ein Deal, ein Handel, dann zerschellt sie an der bitteren Ungerechtigkeit des menschlichen Leidens. … Die mystische Liebe zu Gott ist anders, sie ist »un amour fou«, eine verrückte Liebe, ohne Berechnung; eine Liebe, die sich nach der Meinung des Teufels nicht auszahlt. … Gott zu lieben heißt, sich Gott geben, ohne Versicherung, ohne Rückzahlung. … Mystik ist kein Deal, und gerade daran hat Hiob Anteil. Vielleicht könnte er mitsingen bei einem Lied, das ich liebe: In deine Lieb versenken / will ich mich ganz hinab./ Mein Herz will ich dir schenken / und alles, was ich hab.

Dorothee Sölle sagt die Sätze nicht in einer distanzierten Abhandlung über die Mystiker. Sie sagt es in einer Predigt; in einer Sprache also, in der sie sich selbst meint und sich selbst einschließt. Sie spricht so nicht erst gegen Ende ihres Lebens, als hätte sie da erst die Mystik entdeckt. Sie sagt es schon in ihrem frühen Buch »Leiden« (1973, S. 118):

Sie (die Liebe zu Gott) *kann nicht von der Erfüllung bestimmter Bedingungen abhängig gemacht werden. Das »do-ut-des«-Prinzip (»Ich gebe, damit du gibst«) hat hier*

*nichts zu suchen, der »Geist der Kaufmannschaft«, wie
Meister Eckart es nennt, ist hier ausgeschlossen; für die Liebe zu Gott – und nichts anderes ist die totale Bejahung der
Wirklichkeit – gilt vielleicht eher der Satz des leichten Mäd-
chens Philine aus Goethes Wilhelm Meister: »Dass ich dich
liebe, was geht's dich an!«*

Noch heute packt mich der Zorn, wenn ich daran denke,
dass dieser Frau von vielen Kirchenvertretern die theologische Kompetenz und Tiefe abgesprochen wurde; wenn sie
sagten, sie löse die Theologie in reinen Moralismus auf.
Auf der Sechsten Vollversammlung des Weltkirchenrates in
Vancouver 1983 war Dorothee Sölle zu einer großen Rede
eingeladen. Schon im Vorfeld dieser Versammlung emp-
fand die EKD diese Einladung als Affront. Nach ihrer Rede
haben Kirchenvertreter erklärt, sie vertrete nicht die deutsche Theologie. In kirchlichen Kreisen wurde beraten, wie
man ihre Auftritte in Gemeinden verhindern könne. Bei
Berichten über sie in den Medien kamen am häufigsten
die Adjektive »umstritten« und »streitbar« vor. Zu ihrer Ehre
gesagt: Sie war beides. Theologen, bei denen es keinen
Anlass zum Streit gibt, haben wir in der Kirche ja genug.
    Aber noch einmal zur Gottesliebe! Ich lese in ihrem
Mystikbuch (S. 19):

*Die Geschichte der Mystik ist eine Geschichte der Gotteslie-
be. Sie kann ich nicht konzipieren ohne politische, weltbe-
zogene, praxisorientierte Realisierung.*

Mystik heißt für sie die Aufhebung aller Trennungen; der
Trennung zwischen Gott und seiner Welt, der Trennung
zwischen Ethik und Religion, von Gotteserfahrung und der
Erfahrung des Elends der Welt. Eine »reine« Mystik gibt es
nicht für sie, wie es auch keine reine Frömmigkeit gibt, die
absieht vom Schicksal der Welt.

Es gibt eine ästhetisierende Sehnsucht nach »Religion pur«, die mystische Elemente aufnimmt und sie individuell an- eignet. Das Innere Licht macht dabei nicht die Realität durchlässiger, sondern nur das sich in ihm genießende Ich. Kierkegaard hat dieses Verharren im »ästhetischen Sta- dium« hinreichend als Flucht, als Eskapismus kritisiert. Der wirkliche Hunger ist anders. Nicht ein spielerisches Interes- se daran, diese oder jene religiöse Tradition zu beschnup- pern, treibt die Suche nach essbarem mystischen Brot vor- an. Sie wächst vielmehr mit jeder neuen Niederlage Gottes, jeder weiteren Zerstörung der Erde und ihrer Bewohner. (Mystik S. 74)

Es geht also bei der Mystik nicht um die Suche nach be- sonderen religiösen Ausnahmeerfahrungen. Diese Erfah- rungssucht nennt Johannes vom Kreuz, einer der Mystiker, die Dorothee Sölle besonders beachtet, geistliche Habgier. Gott und seine Welt sind nicht mehr getrennt. Er ist »alles in allem«. Die Gottesliebe lässt nichts unvereinigt. Gott wird in den Menschen geliebt oder nirgends. Er zeigt sei- ne Wunden im Hunger der Armen und in den Fesseln der Geknechteten. Diese werden nicht »um Gottes willen« ge- liebt und geachtet. Diese Haltung ginge immer noch davon aus, dass die große Vereinigung noch nicht vollzogen wä- re; dass Gott und die Bettlerin, dass Gott und die verlasse- nen Kinder noch nicht zusammengekommen wären. Mys- tik ist praktischer Pantheismus, sie sieht Gott in allem. Die Bewegung der Liebe ist eine geworden: Wenn sie zu Gott will, muss sie zu allen. Wenn sie auf alle zielt, findet sie Gott. Wir sind als Kirche dem Geheimnis Gottes nahe, wo wir uns dem Geheimnis der Armen nähern. Oscar Rome- ro, einer der Grundzeugen und Märtyrer unserer Zeit, hat es so gesagt: »Wie du dich den Armen näherst, mit Liebe oder mit Geringschätzung, so näherst du dich Gott.«
Dorothee Sölle ist eine politische Frau, und darum denkt sie die Liebe strukturell; sie denkt sie als Gerechtig-

keit. Liebe ist nicht nur die personale Zuneigung des einen zum anderen. Die Liebe denkt nicht nur interpersonal, sondern sie lebt in der strukturellen Beachtung von Wirklichkeit. Sie ist untrennbar verbunden mit Gerechtigkeit, ihrem politischen Namen. Wenn diese Liebe langfristig ist und ihre politische Naivität abgeschüttelt hat, dann weiß sie, was der Markt und die Ökonomie den Menschen antun können. Diese öffentlich gewordene und an Öffentlichkeit interessierte Liebe nennt Dorothee Sölle Solidarität. Solidarität also ist die Haltung, die die Bedingungen und die Strukturen des menschlichen Lebens bedenkt. Sie meint nicht nur einen einzelnen Menschen, sie denkt menschheitlich. Die Nächstenliebe meint eher den Hungernden, die geschändete Frau, das verlassene Kind, die in mein Blickfeld gekommen sind und die mich adoptiert haben, indem ich sie angesehen habe. Zwischen Nächstenliebe und Solidarität besteht ein Unterschied in der Pointierung, nicht aber im Wesen. Solidarität ohne Liebe in reiner moralisch-politischer Mechanik wird leer. Liebe ohne Intelligenz, Liebe ohne den Blick für die Strukturen des Rechts und des Unrechts wird blind und hilflos.

Die Arbeit an der Gerechtigkeit denkt Dorothee Sölle vor allem als *Widerstand* und als *Verweigerung*. Dafür ist der Titel ihres Buches symptomatisch: Mystik und Widerstand. Ihre Grundannahme: Wir, vor allem in der westlichen Welt, leben in wohleingerichteten Gefängnissen, die uns selbst die Seele und der restlichen Welt die Zukunft rauben.

Wir sind Feinde der Erde, Feinde von mehr als zwei Dritteln aller Menschen, Feind dem Himmel über uns und Feindin auch uns selber. Hildegard von Bingen spricht über den »Gestank« des Todes, der über unserer Erde liegt. Wer sich ihm subjektiv entziehen zu können glaubt, hat sich schon mit der Großmaschine arrangiert. Er oder sie benutzt sie bewusstlos, profitiert von ihren »guten Seiten«

und erfährt dabei den gestreckten Tod, den die Maschine
für die Seele eingeplant hat. (Mystik, S. 242f)

Wer wollte ihr widersprechen? Und doch war ihre Weltwahrnehmung ein Punkt des ständigen Streites zwischen
uns, ein wunderbarer Streit übrigens. Ich fand bei ihr nicht
selten einen gefährlich-imponierenden prophetischen Pes-
simismus, der mehr lähmt als zum Handeln verlockt. Sie
liebte apokalyptische Großgemälde des Verfalls und der
Aussichtslosigkeit. In den Welten, die sie gelegentlich beschrieb, kann man nur schwer atmen, schwer hoffen und
arbeiten. Ich kritisierte in unseren Streiten nicht, was sie
beschrieb, sondern wie sie es beschrieb; eben als Zustände der widerspruchsfreien Verfallenheit und der risslosen
Aussichtslosigkeit. Aber arbeiten kann man nur dort, wo
man den Zwiespalt der politischen Lagen erkennen und
benennen kann. Nur an Zwiespalten kann man arbeiten.
Apokalypsen kann man nur erleiden. Sie hatte wenig Gefühl für Tragik und die tragische Verworrenheit von Situationen, und so neigte sie oft zu einer moralisierenden
Betrachtung der Welt.

In ihrer Lust am Entweder-Oder hatte sie wenig Verständnis für Schwanken, Bedenken, Zögern, Einwände gegen sich selbst; für die Fähigkeit, Kompromisse zu denken
und einzugehen. So war sie kritisch bis feindselig jeder Li-
beralität gegenüber. Dass ihr jeder faule und entschei-
dungsunfähige Liberalismus fremd war, versteht sich von
selbst und ist eine ihrer Stärken. Aber in diesen Topf warf
sie gelegentlich jede lebensrettende und humane Liberali-
tät, und damit konnte sie scharf und ungerecht sein. Ihr
Freund Peter Cornehl hat ihre Liberalismusfeindschaft in
einer Rede zu ihrem 60. Geburtstag kritisiert: »Neben vielem, was Euch [Dorothee Sölle und Marie Luise Kaschnitz]
verbindet ... gibt es bei der Marie Luise etwas, was ich der
Dorothee wünsche und Dir ... verabreichen wollte: einen
kleinen Vitaminstoß Ambivalenzen! Anders gesagt: Es war

die Frage, wo das denn bei Dir bleibt, was mich an den Texten der Kaschnitz so berührt: das Festhalten an Uneindeutigkeiten; das Stehen zu einer gewissen skeptischen Gebrochenheit; das Einlassen des Zweifels in den Glauben.«

Nach einer dieser Auseinandersetzungen habe ich ihr »Warnungen an eine Prophetin« geschrieben:

»Prophetin, sei genau in der Beschreibung des Unglücks! Ergötze dich nicht am Panorama des Untergangs, wie es manchmal deine Art ist!

Prophetin, sei kein Streithansel und glaube nicht, dass du jederzeit im Recht bist, nur weil du die richtige Sache vertrittst!

Prophetin, halte dich selber für irrtumsfähig und deine Geschwister für wahrheitsfähig!

Prophetin, sage deine Wahrheit so, dass sie Kritik und Trost in einem ist!

Prophetin, sage deine Wahrheit so, dass sie eine Verlockung zur Lebensschönheit ist. In deinem prophetischen Nein muss das Ja Gottes auftauchen. Halte dich an den Satz von Helder Camara: ›Herr, lehre mich ein Nein sagen, das nach Ja schmeckt!‹

Prophetin, denke daran, dass deine Wahrheit nicht zu deinem eigenen Schmuck gedacht ist! Es ist die Wahrheit für die Kirche!«

Sie hat mit einem Zettel geantwortet: »Es kann sein, dass es unerlaubte Streite gibt. Aber mehr Angst habe ich vor unerlaubten Versöhnungen.«

Dorothee Sölle hat nicht nur geredet, gepredigt und geschrieben. Sie war eine große Ein- und Aufmischerin. Sie war eine Zeugin ihrer Wahrheit. Sie wurde 1985 verurteilt wegen Nötigung im Zuge des Protests gegen die Stationierung von Pershing-II-Raketen, ebenso 1988 wegen des Protestes gegen US-Giftgasdepots in Deutschland. Sie war in Vietnam zur Zeit der amerikanischen Bombardements, sie besuchte Argentinien während der Diktatur. Sie bekam Preise, wurde mit Ehrenbürgerschaften bedacht, sie wurde Ehrenprofessorin der Universität Hamburg. Ihre Bücher wurden gelesen. Aber eine normale Professur hat sie in Deutschland nicht bekommen. Ihr Zeugnis hatte einen Preis. Sie hat gehandelt, weil sie gedacht hat. Sie hat so denken können, weil sie gehandelt hat.

Man kann nämlich nicht denken, was man nicht tut. Die Gottesliebe kann man nicht an anderen wahrnehmen oder beobachten. »Der Beobachter sieht nichts.« (Johannes Bobrowski) Ich kann die Liebe Gottes nur sehen, wenn ich ein Teil von ihr werde. (Mystik S. 23)

Dorothee Sölle ist am 27. April 2003 auf einer Tagung in der Evangelischen Akademie Bad Boll gestorben. Das Thema ihres letzten Vortrags hieß »Gott und das Glück«. Sie hat im Lauf ihres Lebens gekämpft, gearbeitet, diskutiert, demonstriert, sich eingemischt, den Mund nicht gehalten. Und doch hat sie nicht gelebt, um zu kämpfen und zu arbeiten. Sie war zuhause im Spiel; in dem also, was sich nicht durch seine Zwecke rechtfertigt. Ihre Enkelkinder erinnert sie in einem Brief an die zwecklosen Schönheiten:

Das Schöne zieht uns zu Gott, bringt uns in einen Zustand, der mit Kaufen und Verkaufen nichts zu tun hat, aber mit Staunen und Stillwerden, mit Sich-Wundern und vielleicht Summen, mit Sich-Vergessen und mit Glück. Siehe da! Toll! Halleluja! Ich bin ein Teil des großen, wunderbaren Ganzen, das wir »Schöpfung« nennen. Vergesst das nicht, es kann sich an ganz gewöhnlichen Dingen entzünden, an einer Pfütze am Straßenrand oder an einem Kieselstein, der rötlich glänzt.
Ich wünsche euch jedenfalls viele Kieselsteine, immer wieder. Das Leben ist schön und es schadet euch gar nichts,

ein paar olle Kirchenlieder zu lernen, die aus nichts ande-
rem bestehen als aus diesem Singen und Loben, ohne
Zweck und bloß so: »Du meine Seele singe, wohlauf und
singe schön.« Da fordert eine Seele die andere, die etwas
traurig oder tranig herumhockt, auf, doch mitzusingen,
mit dem sprudelnden Wasser und dem Flieder, der gerade
anfängt zu blühen.

Sie hat mit ihren Enkeln gespielt. Sie hat Gedichte gelesen
und geschrieben. Sie hat gebetet und die Gottesdienste be-
sucht. Zuhause war sie in jenen nutzlosen Köstlichkeiten.
Ihre Gelassenheit in allem Zorn hatte einen Grund, den sie
in ihrem letzten Vortrag so formulierte: »Wir beginnen den
Weg zum Glück nicht als Suchende, sondern als schon Ge-
fundene.« Das ist die köstliche Formulierung dessen, was
wir Gnade nennen.

»Gott mit uns« haben alle gesagt

Was blendet die Augen und rüstet für Kriege?

Ein Krieg fällt nicht vom Himmel. Er hat viele Väter auf Erden. Ich nenne zwei dieser Hauptväter: Die Profiteure der Kriegsindustrie und das Militär. Dass Profitinteressen gerne über Leichen gehen, braucht man nicht zu beweisen, das beweist die Geschichte. Die Kriegsindustrie produziert mit ihren immer raffinierteren Waffen auf heimtückische Weise die Illusion, dass Kriege führbar seien, dass sie kurz seien und gewonnen werden könnten, dass die Zahl der Opfer gering bleiben könnte. Das ist nicht nur am Ersten und Zweiten Weltkrieg abzulesen. Wir haben es in Vietnam gesehen, wir sehen es in Afghanistan. Die selbstverständliche Produktion und das Vorhandensein von Waffen senken die Hemmschwelle zur Gewalt. Die Möglichkeit von Gewaltanwendung macht Gewaltanwendung einleuchtend.

Die Oberhand des Militärs und des militärischen Denkens legt die militärische Lösung von Konflikten nahe. Es gab vor dem Beginn des Ersten Weltkriegs Militärs genug, die Angst hatten, der Krieg könnte vermieden werden und es könnte eine friedliche Lösung der Probleme geben. Christopher Clark berichtet in seinem Buch zum Ausbruch des Ersten Weltkriegs (Die Schlafwandler. Wie Europa in den Ersten Weltkrieg zog, 2012):

Als der bayerische Militärbevollmächtigte in Berlin nach der Erteilung des Befehls zur Generalmobilmachung das deutsche Kriegsministerium aufsuchte, traf er »überall strahlende Gesichter« an: »Händeschütteln auf den Gängen; man gratulierte sich, dass man über den Graben ist.«

Man war glücklich, dass man der Gefahr des Friedens und der diplomatischen Lösung entronnen war. Das war nicht nur die Stimmung bei vielen deutschen Generalen und Offizieren. Der Erste Seelord Winston Churchill schrieb im Juli 1914 an seine Frau:

Alles treibt auf eine Katastrophe und Zusammenbruch zu. Ich bin interessiert, gerüstet und glücklich.

Moltke schwärmt schon 1881, wie schön doch ein männlicher Krieg wäre, ein Kampf auf Leben und Tod.

Zur Friedensarbeit und zur demokratischen Gepflogenheit gehört es, das Militär und militärisches Denken unter Verdacht zu stellen und ihm zu misstrauen. Das ist inzwischen in unserem Land weithin der Fall, obwohl mich irritiert, wie viele Straßen und Plätze immer noch die Namen von Generalen und Kriegsschauplätzen tragen: die Sedan- und Hindenburgstraßen, die Lützow- und die Tannenbergplätze, die Roonstraßen und die Gneisenauplätze. Das Hamburger theologische Institut liegt in der Sedanstraße. Die Studierenden haben zur Hochzeit der Friedensbewegung in den frühen 80er Jahren eine Eingabe an die Behörden gemacht, die Sedanstraße in Sesamstraße umzubenennen. Namen vermitteln Weltauffassungen, dafür hatten die Studierenden eine gute Nase.

Es waren aber nicht nur blanke Interessen, die 1914 zum Krieg führten. Es gab einen Verblendungszusammenhang, einen Komplex von gefährlichen Illusionen, eine Trunkenheit, die den Widerstand gegen den Krieg gelähmt und ihn fast selbstverständlich gemacht hat.

Ich versuche einige Momente zu nennen, die 1914 viele davon überzeugt hat, dass der Krieg notwendig sei, und die bei kriegsgeneigtem Denken immer eine Rolle spielen; Momente der Verblendung, die immer lebensgefährlich sind und allmählich zu einer Art Kriegskultur führen, die die Teilnehmenden nicht mehr durchschauen. Als Erstes nenne ich die Unfähigkeit, sich in die Situation der Gegner hineinzuversetzen. Alle bestehen auf der eigenen, wie man glaubt, begründeten Überzeugung, und man ist nicht fähig zu erkennen, dass auch die Gegner Überzeugungen haben, die sie für begründet halten. Politischen Autismus nennt Christopher Clark dies. Ein wundervolles Gegenbeispiel aus unserer Zeit: Der Dirigent Daniel Barenboim hat ein inzwischen weltbekanntes Orchester aus Israelis und Palästinensern gegründet. In diesem Orchester sind die politischen Spannungen nicht ausgeräumt. Er sagt in einem Interview (SZ, 12./13.4.2014):

Wir erwarten von jedem (der Musiker), dass er neugierig ist, um der Erzählung und Meinung des anderen zuzuhören, und besonders, wenn er nicht einverstanden damit ist. Nicht um unbedingt überzeugt zu werden, sondern nur, um die Logik dieser anderen Erzählung zu hören.

Die Logik der anderen Erzählung zu hören: Zu dieser Souveränität war keines der Völker fähig, die vor dem Krieg standen. Alle hatten Angst voreinander. Christopher Clark in einem Interview:

Die Furcht war das Gift in der damaligen europäischen Machtpolitik.

Die Furcht der Deutschen vor den Russen, ihre Furcht, von allen Feinden eingekreist zu sein; die Furcht der Engländer und der Franzosen vor den Deutschen. Vor dieser paranoischen Furcht gab es kaum eine Möglichkeit, die Logik der Erzählungen der anderen zu vernehmen. Man dachte aus den Vorräten des herkömmlichen Denkens und ließ sich nicht dadurch irritieren, dass man die Argumente der Gegner zur Kenntnis nahm.

Ein politischer Manichäismus ist die Folge: wir und die Gegner, wir die Schuldlosen und die anderen die Angreifer. Am Tag der deutschen Mobilmachungsorder notiert der Marinekabinettchef Georg Alexander von Müller in seinem Tagebuch (Quelle: WOZ, 20.3.2014):

Stimmung glänzend. Die Regierung hat eine glückliche Hand gehabt, uns als die Angegriffenen hinzustellen.

So erfanden einige das Märchen vom Verteidigungskrieg, andere aber glaubten das Märchen. Rudolf Alexander Schröder dichtete im Herbst 1914:

Heilig Vaterland! In Gefahren
Deine Söhne sich um dich scharen.
Von Gefahr umringt, heilig Vaterland,
alle stehen wir Hand in Hand.

Selbst die Sozialdemokraten stimmten 1914 den Kriegskrediten zu im Glauben, Deutschland stehe kurz davor, von seinen Feinden überfallen zu werden.

Ich nenne ein anderes Moment der Verblendung und der Geneigtheit zum Krieg: die Überzeugung der kulturellen Überlegenheit des eigenen Landes vor allen anderen. Die Fremden, die Feinde, schicken sich an, die überlegene eigene Kultur zu zerstören. So heißt es bei Rudolf Alexander Schröder weiter:

Eh die Fremden dir deine Krone rauben,
Deutschland, fallen wir Haupt bei Haupt.

So wird der Krieg zugleich zum Kreuzzug für die Kultur des Abendlandes, dies übrigens nicht nur bei den Deutschen, ebenso bei Franzosen und Engländern. Die Deutung des Krieges als Kampf um die Zivilisation des Abendlandes findet man oft in französisch-protestantischen Kriegspredigten, ein Kampf gegen die barbarische Kultur der Feinde. Wie wenig dieses manichäische Weltbild mit dem Ersten Weltkrieg überwunden war, zeigt eine Rede von Konrad Adenauer von 1950 in Goslar:

In unserer Zeit wird es sich entscheiden, ob Freiheit, Men-
schenwürde, christlich-abendländisches Denken der
Menschheit erhalten bleiben oder ob der Geist der Finster-
nis und der Sklaverei, ob der antichristliche Geist für eine
lange, lange Zeit seine Geißel über die ... Menschheit
schwingen wird. ... Auf der einen Seite steht Sowjet-Russ-

30

land ... überall in der Welt das Feuer schürend, Religion und Christentum, europäische Sitten und Kultur, Freiheit und Würde der Person vernichtend. Auf der anderen Seite stehen die Westalliierten ... unter Führung der Vereinigten Staaten, bereit und entschlossen, alles zu tun für den Frieden ... bereit, ihre Rüstung aufs äußerste zu verstärken, um auf diese Weise den von Sowjet-Russland drohenden Angriff zu verhindern.

Man kann wohl kaum mit der Brutalität der beiden Weltkriege gegeneinander kämpfen, wenn dem Gegner nicht vorher die Kultur, die Würde und damit das Recht zur Existenz abgesprochen wurden. Vernichten kann man nur, wen man als vernichtungswürdig erklärt hat. Selbst die Naziärzte in den KZs haben nicht getötet, ohne ihre Morde vorher als eine kulturelle Arbeit zu deklarieren. Wenn sie bei ihren Experimenten Gefangene zu Tode spritzten, haben sie weiße Kittel getragen. Sie haben sich als Heiler verkleidet und haben ihrer eigenen Symbolik geglaubt. Sie haben eine Sprache gebraucht, die das Gewissen betört hat. Sie haben gesagt, dass sie den Volkskörper heilten von der Seuche des fremden Blutes. Sie haben Roma, Sinti und Juden Minusvarianten und Bazillen genannt. Die Gewissenlosigkeit braucht eine eigene Sprache, und sie wird durch diese produziert. Raul Hilberg, einer der führenden Erforscher jener Menschenvernichtung, berichtet, dass er bei der Durchsicht zehntausender Nazi-Dokumente nicht ein einziges Mal auf das Wort »töten« gestoßen ist. Schließlich hat er den Ausdruck doch noch entdeckt: In einer Verordnung über den Umgang mit Wachhunden. »*Wörter gehören zu den wichtigsten strategischen Ressourcen des Krieges*«, hat Stephan Zweig bemerkt. So leben Menschen in geschminkten Realitäten. Nicht nur sie sind amoralisch, ihre Lebenslandschaft ist amoralisch. Ihr Gewissen haben sie nicht mehr in sich selber. Es hängt in der gesellschaftlichen Inszenierung, die betrieben wurde, durch die verrückte Sprache, die verrückte Logik und in der Routine dessen, was ständig und überall geschah. Die Bosheit hatte sozusagen keine Subjekte mehr, sie hing als Verblendung über dem Gewissen von allen. Diese Blindheit machte sie unfähig, die Gräuel und die Schmerzen zu erkennen, die bald über Europa kommen sollten. Sie zerstörte das Mitleid.

Es gab in jener Zeit eine merkwürdige männische Lust, die Mitte des Lebens am Rand zu vermuten; dort, wo Kampf und Gefahren sind; dort, wo man untergehen und sterben und die Welt mit sich in den Tod reißen kann; die Lust, allen Mittelwegen und Lebenskompromissen zu entkommen und mit dem Tod zu spielen. In Schillers Reiterlied aus »Wallensteins Lager« heißt es:

Wohlauf, Kameraden, aufs Pferd, aufs Pferd!
Ins Feld, in die Freiheit gezogen.
Im Felde, da ist der Mann noch was wert,
da wird das Herz noch gewogen.
Da tritt kein anderer für ihn ein,
auf sich selber steht er da ganz allein.

Die beiden letzten Verse heißen:

Und setzet ihr nicht das Leben ein,
nie wird euch das Leben gewonnen sein.

Das Lied lehnt sich an das biblische Wort: Wer sein Leben erhalten will, wird es verlieren. Das Opfer und die Lebensgefährdung werden zum eigentlichen Leben. Auch diese gefährliche Verherrlichung des Opfers hat seine lange christliche Tradition. Das Reiterlied haben die Nazis geliebt. Es wurde beim Einmarsch der deutschen Truppen in Paris gespielt. Das Lebensopfer wird zur Garantie des Sinnes.

»Heldenwangen blühen schöner auf im Tod«, dichtet Max von Schenkendorf, und der Germanist Gustav Roethe 1915, als schon Tausende auf dem Feld der Schmach ermordet waren:

Das Kostbarste an der deutschen Treue ist das rückhaltlose Einsetzen des ganzen Menschen, das nicht dingt, nicht wägt, nicht schwankt, sondern durchhält bis zuletzt, und mag der Erdball darüber in Trümmer gehen.

Wir wissen: Er ist in Trümmer gegangen. Der Krieg, so erwarten viele, bringt frischen Wind in die morbide Zivilisation. Der preußische Generalfeldmarschall Colmar von der Goltz 1907:

Ich wünsche dem deutschen Vaterland freilich von allen guten Dingen zwei, nämlich völlige Verarmung und einen mehrjährigen harten Krieg. Dann würde sich das deutsche Volk vielleicht noch einmal wieder erheben und für Jahrhunderte vor moralischer Auflösung schützen.

Wie konnte der Frieden gedacht werden, wenn für viele der Krieg »die höchste Äußerung des völkischen Lebenswillens« war? Umso erstaunlicher ist der wenig bekannte Widerstand gegen den Krieg, den ich besonders in der frühen Frauenbewegung finde. Ich denke an Bertha von Suttner, an Rosa Luxemburg, Hedwig Dohm und Clara Zetkin. Es gab den »Frauenbund der deutschen Friedensgesellschaft«. Es gab die »Internationale Frauenliga für Frieden und Freiheit«. Es gab 1915 Frauendemonstrationen für den Frieden vor dem deutschen Reichstag. Es gab 1915 einen Friedensbrief von deutschen Frauen an die Frauen der kriegführenden Länder. »Frieden und Brot!« war ihr Ruf. Ein Satz aus einem Brief von Hedwig Dohm von 1915:

Das sei unsere Proklamation an die Kommenden: Tod dem Missbrauch des Todes! Das Leben den Lebenden bis zu seiner natürlichen Vollendung.

Und die Kirchen? Es gab die wundervollen Beispiele der Friedenskirchen, der Quäker und Mennoniten etwa, die jeden Krieg ablehnten. Es gab auch Einzelne, die früh den Weg ins Verderben erkannten. Einer soll genannt sein, der

Berliner Pfarrer Friedrich Siegmund-Schultze. Gegen jeden Trend schrieb er 1910 schon gegen den Krieg und bezeichnete ihn als Menschenmord, den ein Christ nicht wollen könne. Er nennt ihn – dies 1910! – organisierten Massenmord und sagt:. »Der Krieg steht als Sünde vor dem Gewissen einer christlichen Nation.« Es ist eine andere Stimme als die der lüsternen Generale. In den Augusttagen 1914 gründet er mit Christen aus verschiedenen Ländern den »Weltbund für Freundschaftsarbeit der Kirchen«. Tage später ergriff er in Köln eine weitere Initiative, die zur Gründung des Internationalen Versöhnungsbundes führte. Er spielte eine Rolle in der kirchlichen Friedensbewegung, die sich in den ersten Jahren der Bundesrepublik formierte. 1969 ist er gestorben. Gustav Heinemann über ihn: »Friedrich Siegmund-Schultze gehörte zu den ungewöhnlichsten Menschen, denen ich begegnet bin.«

Warum nenne ich sie, die Einzelnen, deren Stimme kaum gehört wurde? Weil die im Kriegsgetöse untergegangenen Stimmen ein Recht darauf haben, gehört und gezählt zu werden. Der Geist soll nicht verschwiegen werden, nur weil er sich nicht durchgesetzt hat. Diese wenigen Zeugen des Geistes in der geistlosen Zeit erinnern daran, dass der Verlauf der Geschichte nicht eine fatale Notwendigkeit und nicht einem blinden Schicksal geschuldet war. Sie erinnern daran, dass es anders hätte kommen können und dass es in ähnlichen Situationen anders kommen kann. Die Hoffnung braucht Zeugen und findet sie in den prophetischen Stimmen jener Zeit, wie sehr sie auch ohne Gehör blieben. Was über den kirchlichen Mainstream jener Zeit zu berichten bleibt, ist trostlos genug. Beide großen Kirchen waren von je her obrigkeitsorientiert. Die katholische Kirche rechtfertigte die Obrigkeit, weil sie diese naturrechtlich von Gott legitimiert sah. Protestanten beriefen sich auf den Römerbrief und seine Aufforderung zum Gehorsam. Die Nähe zur Obrigkeit ergab sich natürlich auch dadurch, dass die Landesfürsten mit der Reformation als

Notbischöfe fungierten und ihnen das Kirchenregiment treuhänderisch übergeben war. Im letzten Drittel des 19. Jahrhunderts kommt es beinahe in ganz Europa zu ausgeprägten Nationalismen, in Deutschland vor allem nach der Reichsgründung 1871. Josef Roth schreibt in seinem Roman über den Verfall der Habsburgermonarchie:

Man glaubt nicht mehr an Gott. Die neue Religion ist der Nationalismus.

Eigentlich war es schlimmer: Man glaubte an den Gott, »der Eisen wachsen ließ«. Es kommt zu einer Sakralisierung der Nation und zu einer Nationalisierung der Kirchen. Das Christentum stand im Schatten der Nation. »Ein Volk, ein Reich, ein Gott« war die Parole seit 1896. Und 1914 haben beide Kirchen mit feurigen Segen den Krieg begrüßt. Sie haben die Waffen gesegnet. Sie haben den Tod im Feld mit dem Opfertod Christi verglichen. Ein Feldprediger:

Wer im Kampf stirbt, der stirbt in dem Herrn; denn er hat sein leiblich Wohl unter das Wohl des Volkes untergeordnet und hat sein Leben für die Seinen hingeopfert.

In einem Fastenhirtenbrief von 1915 schreibt der Kölner Kardinal Felix von Hartmann:

Wie viel Segen hat dieser Krieg nicht schon gebracht und wie viel soll er noch bringen! Der Ruf unseres Kaisers [...] zu einem Kampf gegen eine Welt voll Feinden – zu einem Kampf, in den er reinen Gewissens zog, der Gerechtigkeit unserer Sache vor Gott gewiss: war dieser Ruf nicht ein Ruf der göttlichen Vorsehung für uns alle [...]. Unsere Krieger sind in den blutigen Kampf gezogen: Mit Gott, für König und Vaterland.

Beide Kirchen haben bis zur letzten Stunde des Krieges mit Durchhalteparolen die staatlichen Autoritäten gestützt und sind für den Siegfrieden eingetreten. Sie haben bis zuletzt die Gläubigen aufgefordert, ihr Gold für den Sieg zur Verfügung zu stellen. Karl Barth notierte 1914, dass bei den Deutschen »Vaterlandsliebe, Kriegslust und christlicher Glaube in ein hoffnungsloses Durcheinander« geraten seien. Man kann sich die bittere Frage stellen, ob es damals nicht besser gewesen wäre für Leib und Seele des Volkes, wenn es keine Kirchen gegeben hätte.

Die Toten der Kriege fragen die Kirchen: Was habt ihr zu unserem Tod beigetragen? Was tragt ihr dazu bei, den Tod zu vermeiden? Eine Kirche ist ein Ort, an dem man diesen Fragen nicht ausweichen kann; ein Ort, an dem man seine Schuld bereuen kann, ohne vernichtet zu werden.

Der Meister jener Kirchen hat ihnen ein Vermächtnis hinterlassen, die Bergpredigt, und darin den Satz: »Selig sind die Friedensstifter, denn sie werden Kinder Gottes hei-ßen!« Mit dem Chor der getöteten jungen Soldaten vor Verdun; mit den Stimmen der Kinder von Darmstadt, die 1944 in einer einzigen Bombennacht ermordet wurden; mit dem Chor der im gleichen Monat von der SS ermordeten Kinder von Sant'Anna di Stazemma in der Toskana sagt die Bergpredigt: »Selig sind die Friedensstifter, denn sie werden Kinder Gottes heißen.« Diese Bergpredigt ist nicht ausgewogen, nicht unparteiisch und neutral. Sie sagt nicht abwägend: Es gibt militärische Lösungen und es gibt andere. Sie ist parteiisch, sie ist nicht harmonistisch-neutral, denn sie ergreift die Partei der Opfer. Die einseitige Parteinahme für den Frieden und gegen alle Kriege und militärische Lösungen ist das Erbe jener Kirche, die sich auf Jesus Christus beruft. Es kann ja sein, dass sie sich gelegentlich irrt in ihrer Parteinahme gegen alles Kriegerische. Aber unendlich viel öfter hat sie sich geirrt, wo sie den Krieg gepriesen hat.

Die Kirchen haben heute zwei große Vorteile, die sie vor Krieglüsternheit schützen, der eine: Sie sind nicht mehr so wichtig. Die Profiteure der Kriege kommen gut ohne sie aus, sie brauchen ihren Segen und ihren vernebelnden Weihrauch nicht mehr für ihr Handwerk. Die Kirchen sind weniger gesellschafts- und staatsverbunden, und das könnte ihre neue Freiheit sein. Sie müssen nicht mehr zwei Herren dienen und können umso mehr dem einen dienen. Sie können endlich ihre prophetische Aufgabe wahrnehmen und ihre Stimme für die Opfer erheben. Die große Verweigerung wird möglich.

Ihr zweiter Vorteil: Die Kirchen sind so wundervoll zerstritten. Harmonistische Gebilde, die unter dem Zwang einer einheitlichen Meinung und Weltauffassung stehen, sind immer gefährlich. Diese Einstimmigkeit gibt es in den Kirchen nicht mehr. Am Anfang der 80er Jahre, als die Stationierung der neuen amerikanischen Mittelstreckenraketen geplant war, haben sich die Kirchen in munterer Verschiedenheit in die Diskussionen und in Abwehraktionen gestürzt. Sie sprachen nicht mit einer Stimme. Die einen haben die ganze atomare Rüstung als Sünde und den Widerstand gegen sie zum Bekenntnisfall erklärt. Die anderen haben gesagt, die Kirche entscheidet sich allein am Bekenntnis zu Jesus Christus, und selbst Entscheidungen »auf Leben und Tod« könnten niemals einen Bekenntnisfall darstellen. Die Theologen der letzten Position erklärten sich für unzuständig für die Fragen von Krieg und Frieden. Na, immerhin unzuständig und nicht mehr zuständig für den Krieg. Die Hauptsache aber: Der Konflikt wurde nicht mehr verschwiegen, er wurde öffentlich, er wurde in die Gemeinden getragen. Und so kam man der Wahrheit und der Notwendigkeit des Friedens näher. Die Wahrheit und die Optionen für den Frieden fallen nicht vom Himmel. Sie werden im Streit gewonnen.

Erinnerung entsühnt das Land
70 Jahre nach der Befreiung aus Auschwitz

Auschwitz ist das Symbol des größten Massenmordes in der Geschichte der Menschheit. Hier wurden Roma und Sinti ermordet, Kriegsgefangene, politische Gegner des Naziregimes, Kriegsgefangene und Geistliche, Frauen und Kinder, Homosexuelle und Behinderte, vor allem aber Juden und Jüdinnen, zwischen 1942 und 1945 über 1,3 Millionen Menschen, also etwa so viel, wie München Einwohner hat, etwa doppelt so viel, wie Stuttgart und Frankfurt Einwohner haben. Aber was sagen Zahlen, sie verbergen die Gesichter der Einzelnen! Am 27.1.1944 wurde das Vernichtungslager von den Truppen der Roten Armee befreit. Auschwitz steht für die Vielzahl der Konzentrationlager in Deutschland und im von den Deutschen besetzten Ausland. 1996 wurde der Tag der Befreiung in Auschwitz auf die Initiative des damaligen Bundespräsidenten Roman Herzog zum offiziellen Gedenktag für die Opfer des Nationalsozialismus ausgerufen. Ein Jahr vorher schon haben die Vereinten Nationen den 27. Januar zum internationalen Tag des Gedenkens an die Opfer des Holocaust erklärt.

Was heißt Gedenken, und warum sind Daten und Tage wichtig, an denen nicht die Einzelnen, sondern das Kollektiv eines Landes an die Opfer und ihre Leiden erinnert? Die Wichtigkeit der Erinnerung kann man ablesen an Erinnerungsverboten, ein Beispiel: 1942 wurde nach einem Attentat auf Hitlers Statthalter in Prag Reinhard Heydrich das nördlich von Prag gelegene Dorf Lidice vernichtet. An Ort und Stelle wurden 172 Männer erschossen, die Frauen wurden in das KZ Ravensbrück verschleppt, die Kinder wurden an sogenannte arische Familien aufgeteilt. Damit nicht genug. Der Ort sollte unkenntlich gemacht und sein Name nicht mehr genannt werden. Die Häuser wurden gesprengt, die Grabsteine vom Friedhof herausgerissen und in der Gegend verteilt. Der Bach des Dorfes wurde umgeleitet. Sein Name sollte getilgt werden. Die Tilgung des Namens, ein Verbot des Gedenkens! Ein anderer Angriff auf die Erinnerung aus unserer Zeit: Im November des letzten Jahres stahlen Unbekannte in der KZ-Gedenkstätte Dachau die historische schmiedeeiserne Tür mit der zynischen Aufschrift »Arbeit macht frei«. Der selber Vorfall ereignete sich fünf Jahre zuvor im KZ Auschwitz. Die Angst vor der Erinnerung zeigt ihre Notwendigkeit.

Warum aber ist sie wichtig? Wir, die Gegenwärtigen, sind nicht nur, die wir sind. Wir sind auch unsere Herkunft und wir tragen die Brandspuren des Gelingens und des Misslingens, der Schuld und des Leidens unserer Väter und Mütter. Nein, wir sind als Nachgeborene nicht schuldig im direkten und personalen Sinn. Ich bin es nicht, der in jener tödlichen Zeit noch ein Kind war. Viel weniger sind es meine Kinder und Enkelkinder, für die jene Zeit schwarze Vorzeit ist. Aber man lernt, wer man ist, wenn man weiß, woher man kommt. Wir sind nicht schuldig an jenen dunklen Jahren, aber wir sind verwickelt in sie. Es waren meine Väter und Mütter, meine Lehrerinnen und Pfarrer, meine Dichter und Philosophen, meine Musikerinnen und Maler, die in jener Zeit geschwiegen haben, die benutzt wurden und die sich haben benutzen lassen. Die mir das Leben geschenkt haben, haben es anderen genommen oder leidenschaftslos zugesehen, wie es anderen genommen wurde. So gehöre ich hinein in die Geschichte der Verstrickung. Bei Christina von Braun lese ich:

Man kann nicht Goethe und die deutsche Musik, ›der alle Völker des Abendlandes verzückt lauschen‹, annehmen, aber diesen Teil des deutschen Erbes ausschlagen. Erbschaften sind unteilbar. (Stille Post. Eine Familiengeschichte, 2008, 184)

Man darf sich seine Herkunft nicht rauben lassen, auch nicht die Herkunft aus Korruption und Verbrechen. Eine alte Jüdin, die den Schrecken der Pogromnacht 1938 erlebt hat, sagte mir: »In jener Nacht ist mir die Heimat zum Feindesland geworden.« Und nun umgekehrt: Die Erinnerung macht mir das Land mit seinem schweren Schatten zum Heimatland, und es wird wieder zu »einem bewohnbaren Land mit einer bewohnbaren Sprache«, wie Heinrich Böll dies nennt. Die Erinnerung an die Opfer und an die Schuld des Landes macht es gerade nicht zu einem furchtbaren Land. Im Gegenteil: Man kann nicht atmen an den Orten, an denen das Gedächtnis und die Erinnerung an die Opfer verboten ist. Heimat ist der Ort, an dem man die Zusammenhänge durchschaut. Heimat ist der Ort, an dem man etwas über die Toten zu sagen weiß. Wir machen uns kenntlich und entkommen aus der Gefangenschaft unserer eigenen engen Individualität, indem wir unsere Herkunft nicht verschweigen. Ich will wissen, wer ich bin, dies aber erfahre ich, indem ich lerne, woher ich komme. Heimat ist der Ort, an dem die Toten ihre Namen haben, also nicht einfach der Ort ungetrübter Harmonie. Die Planierung unseres Gedächtnisses entheimatet uns ebenso sehr wie die Planierung unserer Landschaften, die wir beklagen. Heimat erkennt man an den Narben, die sie trägt, die Narben der Folter und die Narben der Schuld. Odysseus, der Held der griechischen Mythologie, kehrt nach langer Abwesenheit in seine Heimat zurück und ist in seiner äußeren Erscheinung unkenntlich geworden. So muss er seinen Vertrauten seine Identität ausweisen. Das Identitätsmerkmal ist die Narbe einer alten Wunde, die er ihnen zeigt. Auffällige Narben werden manchmal heute noch als unveränderliche Kennzeichen in den Pass eingetragen. Odysseus zeigt die Spuren seiner alten Wunde, also das, was einmal seine Identität aufs äußerste bedroht hatte, wird in der Narbe, in der Erinnerung an die Wunde zum Kennzeichen der eigenen Person. Unsere unveränderlichen Kennzeichen sind Narben der Schuld. Sie weisen uns aus. Sie schmerzen gelegentlich, aber nicht immer, und wir bestehen nicht nur aus unseren Narben. Niemand hat das Recht, sie ständig aufzureißen und sie neu zu Wunden zu machen. Die Toten haben das Recht, dass ihre Namen und ihr Schicksal genannt werden. Sie haben kein Recht, den Lebenden die Sonne zu nehmen und sie aus ihren Gräbern heraus zu beherrschen. Die Erinnerung ist nicht unser großes Gefängnis, sie ist unsere Freiheit.

Es gibt einen merkwürdigen Widerspruch: Im letzten Jahr gab es im Fernsehen und Rundfunk eine große Zahl von Berichten und Sendungen über die Nazi-Zeit. Die Täter standen im Vordergrund, ihre Herkunft und ihre Lebensläufe, ihre Pläne und ihre infamen Verbrechen. Ich frage mich, ob die große Zahl der Berichte nicht auch gefährlich fasziniert. Aber nicht darauf will ich hinaus, sondern ich sehe zugleich eine merkwürdige Erinnerungsmüdigkeit. Da ist einmal die oft anzutreffende Schlussstrichmentalität, die sich durch die Vergangenheit nicht irritieren lassen will. Die beste Methode aber, von der Vergangenheit nicht loszukommen, ist der Versuch, sie auszutilgen. Was nicht erinnert wird, haust als gefährlicher Schatten in uns. Ich meine aber noch etwas anderes, nämlich die Skepsis gegen Gedenkveranstaltungen, deren Ernst man nicht traut und denen man pure Routine vorwirft. Man spricht von einer Sakralisierung der Erinnerung, die diese selbst neutralisiere. Man spricht vom Erinnerungstheater und leeren Gedächtnisritualen, die immunisieren gegen das Leiden der Opfer. Man fragt bei den Gedächtnistagen: Kann man Gefühle nach dem Kalender haben? Kann man nach Daten Empfindungen regeln? Kann man Trauer institutionalisieren? Sie ist doch eine Sache des Herzens und nicht des Kalenders. Ja, es gibt die pflichtgemäße Erledigung der Gedächtnistage und die Abspulung des Gedenkens. Aber der Kalender kann dem Herzen auch helfen, denn das Herz kommt nicht mit sich allein aus.

Ich will den Gedanken erklären mit einer Erzählung von Fontane, STINE heißt sie. Der junge Graf Waldemar verliebt sich in eine Näherin, eben jene Stine. Seine adlige Familie missbilligt die Verbindung. Waldemar will sich gegen seine Familie stellen. Er will sein Erbe aufgeben und mit Stine nach Amerika auswandern. Er will die Unvermitteltheit des Glücks, das keine anderen Wurzeln und keine andere Stütze kennt als die Neigung der beiden zueinander. Stine antwortet ihm kritisch, und allein auf diesen Satz kommt es mir an: »Und für alles, was dann fehlt, soll das Herz aufkommen?«

Der junge Graf will Abstammung, Ansehen und Geld aufgeben, um weltlos mit Stine zu leben. Der Realitätssinn von Stine: Das Herz allein kann die verlorenen Welten nicht retten. Wie sieht eine Gedächtniskultur aus, die aus mehr gebaut ist als aus der Kraft der einzelnen Herzen? Mit dem Satz von Stine ist eines bereits ausgeschlossen: Sie kann nicht nur aus den inneren Kräften und der puren Existentialität von vielen Einzelnen bestehen. Man braucht Institutionen des Gedenkens. Solche Institutionen sind die besonderen Tage und Zeiten des Gedächtnisses; Orte wie die Gedenkstätten, an denen das Gedächtnis in besonderer Weise haftet; Rituale, in denen sich die Erinnerung aufführt und seine Bühne findet; besondere Lieder, die die Erinnerung bergen. Sie erinnern den Menschen an die Erinnerung. Nicht zu jeder Zeit wird in gleicher Intensität an die Toten gedacht. Die Gleichförmigkeit der Zeit wird durch Rhythmen gegliedert. Erst die gegliederte Zeit wird zur erlebbaren Zeit. Man feiert Jahrestage und gedenkt in Jahrzehnten. Die Unterscheidung von Zeiten ist ein Grundelement von Vergewisserung, ebenso die Unterscheidung von Orten. Geschichten, die den Grundkonsens einer Gruppe ausmachen, werden an Orte gebunden und werden an besonderen Orten besonders lebendig. Die Hamburger Nicolai-Kirche, die in den Bombennächten zur Ruine geworden ist und von der nur noch der Turm steht, erinnert anders an die Schrecken des Krieges als irgendeine andere unverwundete Kirche. Der Ort des KZs Neuengamme erinnert lebendiger, schmerzhafter und quälender an die Torturen der Opfer als ein Universitätsseminar, in dem die Strukturen von Neuengamme analysiert werden. Wir leben ja nicht nur kraft der eigenen Existenzialität; nicht nur von innen nach außen. Unsere Innerlichkeit und unsere geistige Kontinuität haben wir nicht nur als Eigenbesitz und Eigenerwerb. Wir lesen uns auch ab an den kollektiven Äußerungen des Geistes; an den Einrichtungen und Gepflogenheiten, die zu einer Landschaft des Erinnerns werden, die nicht nur von Einzelnen errichtet, sondern von vielen getragen wird. Die Äußerungen verhelfen zur Innerlichkeit und wecken das träge Herz auf. Die Institutionen werden zu Lehrerinnen des Geistes. Dass Institutionen auch die harten Verführer zum Ungeist werden können, widerspricht dieser Tatsache nicht. Trotz dieser Möglichkeit des Missbrauchs der Erinnerung bleibt die Tatsache, dass Gedächtniskulturen nicht auskommen ohne die liturgischen Landschaften aus Zeiten, Orten, Inszenierungen und Ritualen.

Der Historiker Reinhart Koselleck nennt einen weiteren Grund für eine Kultur des Gedenkens: Politische, also öffentliche Erfahrungen oder Botschaften sind nur schwer über den Tod einer jeweiligen Generation hinaus tradierbar. Dazu bedarf es gesellschaftlicher Institutionen. Ich hatte einen guten Bekannten, einen Prager Juden, so alt wie ich, der als 10-jähriges Kind nach Theresienstadt und später nach Auschwitz verschleppt wurde. Er hat überlebt und konnte mir erzählen, wie er als Achtjähriger von den Nazis gezwungen wurde, sein Fahrrad und seine Geige abzuliefern; wie er in Auschwitz als Kind die Hinrichtung von russischen Kriegsgefangenen ansehen musste; wie er nach dem Krieg in der panischen Angst, die nicht vergangen war, glaubte, in Köln auf der Schildergasse das Gesicht des KZ-Arztes Mengele zu entdecken. Ich hatte seine Angst noch gespürt und miterlebt, meine Enkelkinder nicht. Ich hatte seinen mühsamen Versuch, nach Auschwitz weiterzuleben, erlebt, meine Enkel nicht. Ich kann für sie vielleicht noch blasser Zeuge dieser Erfahrung sein. Meine Enkel erleben sein Leiden vermittelter, als Zeugnis von anderen, damit natürlich distanzierter, als ich es erlebt habe. Die Glut der Scham werden sie nicht kennen, wie ich sie gekannt haben. Die Geschichte ist für sie so fern wie für mich die Geschichten aus dem deutsch-französischen Krieg von 1870/71. Wenn meine Generation gestorben ist, wird es nicht einmal diese Zeugnisse aus zweiter Hand geben. Die Institutionen, Einrichtungen und Begehungen könnten das Zeugnis überliefern.

Ein weiteres Argument für die Notwendigkeit einer Erinnerungskultur ist die Tatsache, dass Erinnerungen verblassen, wenn sie nicht geteilt und von vielen wiederholt und getragen werden. Einer der ersten Erinnerungsforscher war der französische Soziologe Maurice Halbwachs, der in Buchenwald ermordet wurde. In seinem Buch »Das kollektive Gedächtnis« hat er ein Kapitel mit der Überschrift: Das Vergessen durch Loslösung von einer Gruppe. Untersuchungen haben ergeben, dass die gemeinsamen Erinnerungen eines Ehepaares viel schneller verschwinden, wenn sie sich trennen oder wenn einer von den beiden stirbt; wenn sie also nicht mehr von beiden getragen werden. Wir sind nicht nur wir selbst, nicht einmal bei der Fähigkeit, etwas im Gedächtnis zu behalten. Wir sind dialogische Wesen, jede Bildung, auch die des Gewissens, der Wünsche und des Gedächtnisses findet statt im Gespräch mit anderen. Ich zitiere die Berliner Philosophin Carolin Emcke (Weil es sagbar ist. Über Zeugenschaft und Gerechtigkeit, 2013, S. 51f):

Als sprachliche Wesen, die sich dialogisch ..., also im Gespräch und in der Verständigung mit und durch andere begreifen, sind wir abhängig davon, dass wir als Individuen von anderen bestätigt werden. Unser Selbstbewusst-

sein bildet sich nicht allein und in Einsamkeit heraus, son-
dern im Austausch und in Gemeinschaft mit anderen. Es
geht noch nicht einmal um menschliche Würde, die nur
mit und durch andere anerkannt werden kann, sondern
schon für das bloße Bewusstsein und Verständnis des eige-
nen Ich braucht es ein Gegenüber.

Wir sind Gefangene unserer selbst, wo wir nicht einem geistigen und kulturellen Kontinuum angehören. Erinnerungen bleiben wach, wenn sie eine Bühne finden und inszeniert werden, wenn sie also öffentlich werden und wenn sie von vielen getragen sind.

Das Gedächtnis der Toten erzeugt fast immer Streit. 1981 verbrannte sich in Zürich am Bellevue, einem zentralen Platz der Stadt, die junge Frau Silvia Zimmermann. In einem Abschiedsbrief erklärt sie ihre Selbstverbrennung als einen Protest gegen das eiskalte moralisch-politische Klima der Stadt. Es gab Streit um die Bewertung ihres Todes und damit um die Erinnerung an sie. Die Medien spielten diesen Tod herunter und unterstellten, sie habe sich in geistiger Umnachtung umgebracht. In der Zürcher Zeitung durfte keine Todesanzeige erscheinen. Am Bellevue hielten junge Leute Totenwache, Blumen lagen auf dem Pflaster, Kerzen brannten dort und Gedichte und Briefe wurde an eine Wand gesteckt. Die Trauer fand ihre Bühne. Mit großer Emsigkeit räumten jeden Tag Polizei und Straßenreinigung die Gedächtnisstelle auf, sie räumten die Erinnerung weg. Das Gedächtnis der Toten eint, solidarisiert und entzweit.

Streit gibt es auch gelegentlich darum, wer die wahren Erben der Toten sind. 1975 fand im ehemaligen KZ Stukenbrock vor dem Denkmal für die 65 000 sowjetischen Kriegsgefangenen, die dort ermordet wurden, eine Gedächtnisfeier statt. Es kam zu einer Schlägerei mit mehreren Verletzten. Mitglieder der DKP schlugen sich mit Maoisten/Leninisten. Beide Parteien beanspruchten die Toten für sich. Es ging also nicht um die Ehre und das Gedächtnis der Toten, sondern um ihre Verzweckung für die eigene Sache. Überall dort werden die Opfer missbraucht, wo sie zur Legitimation und zur Beglaubigung der eigenen Sache benutzt werden. Wir kennen es von zahllosen Denkmalen für die gefallenen Soldaten aus den großen Kriegen, die dem Nationalismus und der Kriegsbereitschaft dienen sollten. »Deutschland muss leben, auch wenn wir sterben müssen«, steht auf einem Hamburger Denkmal, das die Überlebenden des Infanterieregiments 76 ihren Toten gewidmet haben. Auch darum gab es Streit. Auf Beschluss des Hamburger Senats blieb die Inschrift erhalten – als Ansicht einer vergangenen Epoche. Der sinnlose Tod der Ermordeten aus den KZs *stiftet* keinen Sinn, er *fordert* Sinn: Nie mehr soll geschehen, was geschehen ist. Eine andere Lehre gibt es nicht.

An Auschwitz und an die anderen Orte der großen Barbarei zu denken, heißt sich der Schmerzen der Toten zu erinnern, an die kalten Augen der Zuschauer und an die Brutalität der Täter. Es heißt an die Schuld derer denken, die offenen Augens nichts gesehen und mit betäubtem Gewissen nichts gewusst haben. Aber es gibt auch die große Würde derer, die Kraft zur großen und kleinen Empörung hatten. Ich denke an den Aufstand im Warschauer Ghetto von 1943. Er ist gescheitert, und die Aufständischen wurden niedergemetzelt. Aber das Misslingen ist kein Grund, ihre Größe zu verschweigen. Ich denke an die kleinen Geschichten der Güte, die groß waren an den Orten der zerstörten Würde. Die Wiener Jüdin Ruth Klüger erzählt, wie sie als Zwölfjährige in Auschwitz bei der Selektion von einer Mitgefangenen unter Gefährdung ihres eigenen Lebens gerettet wurde. Der Elfjährige Dov Kulka erinnert sich an Fredy Hisch, einen Mitgefangenen in Auschwitz. Dieser sammelte die Kinder und Jugendlichen seines Blocks und führte sie ein in Theater, Musik und Literatur. Dov Kulka:

Die Erlebnisse von dort, an die ich mich erinnere, bilden zweifelsohne das ethische Fundament meiner Einstellung zur Kultur, zum Leben, zu fast allem; es wurde bei mir im Alter von zehn bis elf Jahren gelegt, in jenen wenigen Monaten zwischen September 1943 bis zur Liquidierung des Lagers im Juli 1944.

Ein letztes Zeugnis: Primo Levi erzählt seine Geschichte von erfahrener Güte in Auschwitz, die er selbst fast wie eine Legende empfindet. Der italienische Zivilarbeiter Lorenzo bringt ihm sechs Monate lang täglich unter eigener Lebensgefahr ein Stück Brot, schenkt ihm ein Unterhemd voller Flicken. Er schreibt für ihn Postkarten und bringt ihm die Antworten. Levi schreibt in seinem Buch »Ist das ein Mensch?«:

Dafür verlangt er keine Belohnung und will auch keine nehmen, denn er ist gut und einfach und glaubt nicht, dass man Gutes um der Belohnung willen tun soll. ... Ich glaube, dass ich es Lorenzo zu danken habe, wenn ich noch heute unter den Lebenden bin. Nicht so sehr wegen seines materiellen Beistands, sondern weil er mich mit seiner Gegenwart, mit seiner stillen und einfachen Art, gut zu sein, dauernd daran erinnerte, dass noch eine gerechte Welt außerhalb der unsern da ist. ... Lorenzo war ein Mensch. Seine Menschlichkeit war rein und unangetastet, er stand außerhalb dieser Welt der Verneinung. Lorenzo zu Dank war es mir vergönnt, dass auch ich nicht vergaß, selbst noch ein Mensch zu sein.

Fast eine Legende, schreibt Levi. Legende bedeutet auch Lesart. Lorenzo schenkt ihm eine andere Lesart seiner Existenz, als er sie im Lager erfährt. Er lehrt ihn, sein Leben gut zu lesen, dem Tod zum Trotz. Das sind Beispiele des Lebens im Überleben. Die Toten zu ehren, heißt auch ihr kleines und großes Gelingen nicht zu vergessen.

Brandnacht in Darmstadt

Zum 11./12. September 1944

Alles hat seine Zeit. Heute ist die Stunde, der Getöteten aus den Feuernächten in dieser Stadt zu gedenken. Heute frage ich nicht, wie es dazu kam und was die Schuld der Deutschen war. Heute entwichtige ich nicht die einen Opfer mit der Erinnerung an die anderen. Heute denken wir an die Kinder, die Frauen und die meist alten Männer, die verschüttet wurden, erstickt sind und erschlagen wurden. Alles hat seine Zeit. Die bösen Nächte sind lange Vergangenheit, aber nicht für alle. Viele von Ihnen spüren das Echo des Schmerzes und der Verzweiflung, der Wut und des Zornes von damals. Alles hat seine Zeit. Auch die Erinnerung an die tödliche Hilflosigkeit in jenen Nächten, die einige von Ihnen als Kinder erlebt haben. Sie hat ihr Recht. Die Trauer und der Zorn haben ihr Recht. In Hamburg gab es 1983 in der Michaeliskirche eine Gedächtnisfeier an die Feuerstürme der sogenannten Aktion Gomorrha 1943, bei der wie bei Ihnen in Darmstadt in wenigen Nächten zigtausende Menschen verbrannten, man hatte die Feier vorbereitet zusammen mit Menschen, die die deutschen Bombardements von Coventry überlebt hatten. Einige junge Leute stürmten die Feier mit Plakaten: »Es gibt nichts zu trauern. Denkt an die Toten von Auschwitz.« Mit dem Satz »Denkt an die Toten von Auschwitz!« hatten sie recht. Der Satz aber »Es gibt nichts zu trauern« ist grausam. Trauerverbote gab es zu allen Zeiten in barbarischen Gesellschaften. Es gibt zu trauern über die Kinder und jungen Menschen, die gestorben sind, ehe sie gelebt haben. Es gibt zu trauern über die Alten, die nicht lebenssatt in ihren Betten sterben konnten. Ich frage nicht nach der Schuld, in die sicher einige der Umgekommenen verstrickt waren. Ich frage nach ihrem Leiden. Alles hat seine Zeit. Heute ist die Stunde, ihrer Leiden zu gedenken.

Sie hier in Darmstadt gedenken und Sie trauern in diesem Gottesdienst. Es ist eine der schönsten Fähigkeiten, der Toten und der Opfer zu gedenken. Es ist ein alter Brauch, die Toten, die in der Fremde gestorben sind, heimzuholen und sie nicht in fremder Erde verscharrt zu lassen. Dies gilt nicht nur im wörtlichen Sinn. Sich der Toten zu erinnern, ihr Schicksal dem Vergessen zu entreißen heißt, sie heimzuholen. Die Erinnerung ist ein Akt des Erbarmens. Wir wärmen die Toten, wenn wir ihrer Leiden gedenken. Wo wir unsere Toten vergessen, da wird unsere eigene Lebenslandschaft planiert und unwirtlich. Heimat ist ein Ort von gehäuften Erinnerungen, auch der Erinnerung an die Menschen, die vor uns gelebt haben. Man lernt, wer man ist, wenn man weiß, woher man kommt. Zukunft haben kann nur der, der eine Herkunft hat. Mensch ist, wer die Namen seiner Großeltern kennt und der für seine Enkel sorgt. Den Namen seiner Vorfahren kennen, das heißt, ihr Schicksal nicht vergessen. Es gilt nicht nur für unsere leiblichen Vorfahren. Es gilt für alle, die in unseren Städten gelebt und gelitten haben.

Ich möchte hier von anderen getöteten Kindern, getöteten Frauen und alten Männern erzählen. Wiederum: nicht um Tode gegeneinander aufzurechnen, sondern weil diese Opfer Geschwister Ihrer Opfer in Darmstadt sind. Ich war im August in der Toskana, in einem kleinen Bergdorf, es heißt Sant'Anna di Stazemma. Am 12. August 1944, also genau einen Monat vor der großen Vernichtung in Darmstadt, fiel eine Panzergrenadierdivision der SS in jenes abgelegene Dorf ein. Sie trieben die Einwohner zusammen, warfen Handgranaten in die Menge und schossen sie mit Maschinengewehren zusammen. Dann wurden die Leichen zu Hügeln zusammengeschoben, mit Benzin getränkt und angezündet. 560 Menschen starben, darunter 107 Kinder, das jüngste 20 Tage alt, acht schwangere Frauen waren unter den Ermordeten. Unsere Trauer, wenn sie ihren Namen verdient, ist unteilbar. Es sind unsere Kinder, die unter den Bomben jener Nächte umkamen. Es sind unsere Kinder, die in jenen Jahren des Terrors von Deutschen ermordet wurden. Darum möchte ich heute, wo wir unsere getöteten Kinder betrauern, jene anderen Kinder nicht vergessen. Mütterlich und väterlich sind nur die, die zwischen den Schmerzen der eigenen Kinder und der fremden nicht mehr unterscheiden. Unsere Toten lehren uns, was Menschen nicht angetan werden soll. Sie lehren uns: Niemals sollen Kinder verbrennen, niemals sollen Menschen sterben, ehe sie gelebt und geliebt haben.

Ich komme zurück auf Darmstadt und sage es hart: Der Tod jener Kinder, Männer und Frauen hatte keinen Sinn. Vielleicht ist dies das Härteste, was man über Menschen sagen kann: Ihr Tod hatte keinen Sinn. Er diente nur Zwecken; dem Zweck, die Bevölkerung zu zermürben. Darum fielen die Bomben in jener »Brandnacht« 1944 vor allem in der Altstadt, die leicht in Brand zu stecken war und in der die meisten Menschen wohnten. Nicht jeder Zweck ist falsch. Aber wo Sinn durch Zwecke ersetzt und vertrieben wird, da kann es keine Humanität geben. Da werden Menschen für Ziele geopfert, und da wird das Ziel wichtiger als die Schmerzen der Menschen. Es gibt im Tagebuch des südamerikanischen Revolutionärs Che Guevara einen kleinen Eintrag, der mich bewegt. Che Guevara traf während seines revolutionären Kampfes auf eine Gruppe schlafender Soldaten, also seiner Feinde. Leicht hätte er sie mit seinem Kommando töten können. Aber er brachte es nicht fertig, auf die schlafenden Menschen zu schießen. Er hat sie nicht seinen revolutionären Zwecken geopfert. Ein humanes Beispiel dafür, wie einer zugunsten des Sinns die Zwecke vergessen hat.

Der Angriff auf Darmstadt mit der Folge der Brandnacht wurde auf Befehl des Luftmarschalls Artur Harris durchgeführt. Man hat ihm im Hyde Park in London ein Denkmal gesetzt. Ich habe einen englischen jüdischen Freund, dessen Vater in einem deutschen Konzentrationslager ermordet wurde. Er führte mit anderen einen erbitterten Kampf gegen die Errichtung des Denkmals für Bomber-Harris. Ich fragte ihn, warum du? Du hattest doch allen Grund, die Vernichtung der deutschen Verbrecherbande zu wünschen. Was wäre aus unserem Land geworden, wenn es nicht von außen befreit worden wäre, und wäre dies anders möglich gewesen als mit der Gewalt des Krieges? Er ist übrigens aus Coventry, der Stadt, die mit ihrer Kathedrale vor allen englischen Bombardierungen Ziel der deutschen Bomben wurde. Die Antwort jenes Freundes: Es gibt ein militärisches Denken, in dem die besten Absichten in ihr Gegenteil verkehrt werden; in dem die Mittel die hehren Ziele vernichten. Nimm Vietnam, sagte er. Was waren die Ziele, und wie wurden die Ziele selbst absurd durch die Mittel, die Bombe, das Napalm, die Vernichtung der Zivilbevölkerung, die Verseuchung ganzer Landstriche bis heute, auch dort der Tod unzähliger Kinder und Frauen? Die militärische Lösung ist die, die sofort einfällt. Es scheint die kürzeste zu sein und die effektivste. Wir wissen nicht erst seit Vietnam, dass es nicht die kürzeste und nicht die effektivste ist. Wir wissen es spätestens seit Afghanistan und dem Irak. »Nichts ist gut in Afghanistan«, hat die damalige Ratsvorsitzende Margot Käßmann in einer Predigt gesagt und bekam haufenweise Prügel. Aber was ist gut daran? Die Moralität einer Sache kann mit der Gewalt in ihr Gegenteil verkehrt werden. Die ehrbaren Ideen können mit den angewandten Mitteln ihre Ehrbarkeit völlig verlieren. Dies behaupte ich für die Bombennächte über der menschenreichen Altstadt von Darmstadt. Man kann es fast für alle militärischen Aktionen behaupten.

Ich schließe mit einer kleinen Meditation, mit Gedanken über den schwebenden Engel in der Antoniterkirche in Köln von Ernst Barlach, ursprünglich ein Denkmal für die Toten beider Weltkriege aus dem Dom zu Güstrow. Viele von Ihnen werden ihn kennen. »Der Schwebende« ist ein unheroisches Denkmal, das nichts verklärt, sondern nur den Schmerz über die sinnlosen Tode ausdrückt. Darum wurde der Engel als entartete Kunst von den Nationalsozialisten mit Zustimmung der Kirche eingeschmolzen. Die Figur trägt die Gesichtszüge von Käthe Kollwitz. Sie hängt über einer Steinplatte mit den Jahreszahlen der beiden Weltkriege. Ein Engel behütet die Toten, die Opfer der Kriege. Er beschönigt nichts. Er behauptet nicht, das grausame Sterben hätte einen Sinn gehabt. Er behauptet nicht, die toten Soldaten jener Kriege seien Helden gewesen und niemand habe eine größere Liebe gehabt als jene. Er behütet die Toten, die ihr Leben nicht gegeben haben für irgendetwas, sondern denen es genommen wurde für nichts. Man muss etwas über den Tod der Toten sagen können; dass er jemandem oder einer großen Sache gedient habe. Man muss etwas über sie erzählen können. Der Engel sagt nichts. Er schweigt. Er hat keine Botschaft, die ihren Tod verklärt. Er hat nur einen Auftrag: er muss die Toten behüten. Er behütet diese Toten, die umsonst gestorben sind und von deren Tod niemand lebt. Diese Toten brauchen den Trost des Engels, weil ihr eigener Tod sie nicht tröstet. Sie können nicht stolz sein auf ihren Tod. Ihre Väter und Mütter, ihre Bräute und ihre Kinder können nicht stolz auf den Tod dieser Toten sein. Sie sind für nichts gestorben, nicht alt und lebenssatt, nicht für Volk und Vaterland. Sie wurden den Dämonen geopfert. Ihr Tod hat dem Leben nicht gedient, ihr Blut hat das Land besudelt, nicht gedüngt und nicht gereinigt wie der Tod von Franz Jägerstätter, von Maximilian Kolbe oder von Dietrich Bonhoeffer. Wer anders könnte sie trösten als dieser schweigende Engel.

Man muss auch die Engel behüten, diese Boten, die keine andere Botschaft haben als den Hinweis auf das sinnlos vergossene Blut. Das hat man ihm vorgeworfen, dass er keine gute Nachricht über den Tod der Toten hatte, sondern nur seine Tränen über sie. So haben es die Kirchenmänner in Güstrow damals gesagt: »Der slawische Engel ist nicht würdig, den Güstrower Dom zu schmücken.« Er hatte ja keine gute Botschaft über den Tod dieser Toten. Die eifrigen Kirchenleute haben ihn den Dämonen jener Zeit ausgeliefert. Die Dämonen haben ihn zerstört und eingeschmolzen. Der Erlös ging als Blutgeld an die Kirchen. Man muss die Engel bewachen, die die Toten trösten, die aber nichts Tröstliches über den Tod der Toten zu sagen wissen. Behütet die schweigenden Engel!

Erzählen zur Rettung des Lebens

1. Sich in die Geschichten des Gelingens hineinlesen
Ich habe meinen Kindern und Enkeln unendlich viele Geschichten erzählt, in denen eine gewisse Ziege Berta die
Hauptrolle spielte. Ziege Berta gelang, was den Kindern
noch nicht gelang. Ihr misslang, was auch ihnen misslang.
Sie überwand Ängste und Einsamkeiten, die die Kinder
quälten. Sie überlistete Autoritäten, die auch die Kinder
überlisten wollten. Warum hörten die Kinder diese Geschichten gern? Einmal natürlich, weil sie unterhalten werden wollten, und das nicht nur von einer CD, sondern von
der Wärme einer Stimme und der Nähe eines Gesichts.
Aber es gab einen anderen Grund. Sie erkannten sich, ohne dass sie sich selbst durchschauten, in der fremden Geschichte jener ängstlichen, frechen, einsamen und aufmüp-
figen Ziege. Gabriele von Siegroth-Nellessen verweist in
einem Aufsatz über Patrick Roth auf das filmische Mittel
des Dissolve. Dissolve bedeutet die Auflösung eines Film-
bildes in ein anderes hinein. Dies nun geschieht, wenn die
Kinder die Erfolgs- und Niederlagensgeschichten der Ziege
Berta hören. Sie ahnen sich selber in den Geschichten der
glücklichen und unglücklichen Ziege. Die hörenden Kinder bleiben sich selber verhüllt, und sie werden sich deutlich in der fremden Geschichte. Sie sind mit ihrem eigenen
Schicksal, mit ihren Freuden und mit ihren Leiden Gast
im fremden Lebenszelt der Ziege Berta, und sie lesen ihr
Leben in jenem fremden Text.

Nicht anders ist es bei uns, wenn wir die großen Erzählungen der christlichen Tradition hören. Wir hören in der
Erzählung der Schöpfungsgeschichte, dass der Anfang allen Lebens gut war, und wir behaupten im fremden Bild,
dass unser Leben gut ist, so zerrissen unser eigener Augenblick sein mag. Wir hören, dass Menschen aus Skla-
venhäusern entkommen sind, und wir lesen uns in die

alte Geschichte vom Gelingen ein. Menschen entkommen der Tyrannei des Augenblicks, indem ihr eigenes Bild aufgelöst wird in das Bild der befreiten Sklaven. Sie entkommen ihrer Hoffnungskargheit, indem sie sich hineinlesen in die Geschichten vom endgültigen Gelingen des Lebens. Die Erzählung ist »eine List der gefährdeten Identität« (Harald Weinrich). Wo das Leben nicht selbstverständlich ist, da erzählt man es selbstverständlicher, als es ist. Es ist kein Wunder, dass das Erzählen gerade in der jüdischen Tradition eine solche Rolle spielt. »Wer keine Geschichten erzählt und keine Geschichten hört, lebt nur für den Augenblick, und das ist nicht genug«, lässt Isaac B. Singer in seinem »Geschichtenerzähler« Reb Falik sagen, der so gerne Geschichten hört. Vielleicht braucht man dort keine Erzählung, wo das gegenwärtige Leben den Menschen vollkommen einleuchtet; wo es keine Armen und keine Lahmen gibt; keine Tyrannen, keine Schuld und keinen Tod.

Wer man ist und was man hoffen darf, kann man sich nicht allein sagen. Man sagt es sich im Zusammenhang großer Erzähltraditionen. Erzählungen brauchen eigentlich immer eine Gruppe, eine Kirche, d. h. sie werden stark, wo man einander die Wahrheit einer Erzählung von den Lippen liest und wo sie in einer Gruppe zirkulieren. Der Bezugsrahmen und das Bedeutungsschema des gemeinsamen Gedächtnisses macht die Erzählung zu einem geteilten und damit starken Erbe. Die Gruppe verleiht ihr Wichtigkeit und bringt sie existentiell in den Blick und ins Herz. Der französische Soziologe Maurice Halbwachs, der in Buchenwald ermordet wurde, hat in seinem Buch »Das kollektive Gedächtnis« ein Kapitel mit der Überschrift »Das Vergessen durch Loslösung von einer Gruppe«.

2. Die Erzählung und die Beschreibung
Eine Erzählung büßt ihre Kraft ein, wo das Subjekt mit seinen Wünschen, Ängsten und Leiden aus ihr entfernt wird;

wo die Erzählung zur Beschreibung erstarrt. Es ist vermutlich die Gefahr aller Religionen, ihre Grunderzählungen zu sichern, indem man sie zur genauen Beschreibung erkalten lässt. Ich nehme als Beispiel den Satz aus dem Glaubensbekenntnis »geboren aus der Jungfrau Maria«. Es gibt eine wundervolle Erzähltradition im Alten und im Neuen Testament, in der davon berichtet wird, dass das Heil Gottes nicht das Produkt der Natur und der menschlichen Möglichkeiten ist, sondern da zu erwarten ist, wo Menschen an die Grenzen ihrer Künste stoßen. Die großen Einbrüche Gottes sind gerade da zu finden, wo menschlich nichts mehr zu erwarten ist. Sara, der alten und unfruchtbaren Frau, wird der Erbe verheißen, und sie gebiert. Hanna, die Mutter Samuels, ist unfruchtbar und gebiert. Elisabeth, die Mutter des Johannes, ist alt und unfruchtbar, und sie gebiert. Wer könnte den Einwand ihres Mannes Zacharias nicht verstehen: »Ich bin alt, und meine Frau ist betagt« (Lk 1,18). Und so fragt Maria auf die Ankündigung des Engels: »Wie soll das zugehen, da ich von keinem Mann weiß!« (Lk 1,34) Wenn die Erzählung der Jungfrauengeburt ihren poetischen Charakter verliert; wo sie zur Konstatierung eines Sachverhalts wird, da verliert sie ihren Trost und ihre Lebenskräftigkeit. Da kommen all die unappetitlichen Überlegungen auf, die sich Theologen an dem Dogma der Jungfrauengeburt gemacht haben. Je autoritärer die Struktur einer Religion ist, umso mehr hat sie Interesse an Beschreibung, Genauigkeit und Kontrollierbarkeit. Aber die Hoffnung kann man nicht in enthäuteten Gedanken haben. Sie führt sich auf in Bildern und Erzählungen.

3. Die Erzählungen der Alten

Warum erzählen alte Leute von früher? Im Alter und vor dem Tod will man noch einmal alles zusammenkriegen. Selbst wenn die Lebensbruchstücke weit auseinandertreiben, bringt man sie im Erzählen zusammen. Die im Leben verlorene Kontinuität wird im Erzählen gerettet. Das Subjekt, das sich selber in seiner Herkunft und in seinem Schicksal überlegt, erzählt die Welten zusammen, die oft nicht zueinander passen. Bei allen Untergängen ist eines geblieben: das Ich des Erzählers. Es hat sich verändert, natürlich. Es ist durch Feuerbäche und Eisströme gegangen. Aber es ist immer noch das Ich, das geschundene und beglückte Ich. Sagen jene die Wahrheit, die von ihrer alten Welt erzählen? Ich bin mir aus zwei Gründen nicht sicher. Denn erstens tut jeder, der gut erzählt, von sich selber etwas dazu, das ist eine Goethe-Weisheit. Ein guter Erzähler reproduziert die Wirklichkeit nicht nur, er ist auch Autor der erzählten Realität. Robert Walser schreibt in einem Brief: »Alle Essayisten müssen, um interessant zu scheinen, bis zu gewissen schicklichen Grenzen aufschneiden«; oder besser noch Walter Benjamin: »Wir lesen nur etwas aus einem Text heraus, wenn wir bereit sind, etwas in ihn hineinzulesen; was heißt, etwas in ihn von unserem Leben hineinzulegen.« Ein Erzähler muss auch ein guter Lügner sein.

Ein zweiter Grund, warum den Erzählern nicht ganz zu trauen ist: Jeder Erzähler folgt einem inneren Skript, das er meistens selbst nicht durchschaut. Er will über die Darstellung seines Themas hinaus immer noch etwas geheimes anderes. Vielleicht will er die Wahrheit jener alten Zeit retten, vielleicht die Wahrheit seiner Gegenwart mit dem Beleg der Vergangenheit. Vielleicht haben gerade Menschen mit vielen Lebensbrüchen das Bedürfnis, ihr Leben gerade zu erzählen. Sie wollen sich rechtfertigen und von einer Kontinuität erzählen, die am Leben selber nicht abzulesen ist. Erzählen heißt auch, die innere Logik des Lebens zu behaupten durch alle krummen Wege hindurch. Wer sich von vielem getrennt hat, der hat vielleicht in besonderer Weise das Bedürfnis, sich zu rechtfertigen. Vielleicht will man den eigenen Wegen und den eigenen Entscheidungen mehr Einsicht und Folgerichtigkeit zuschreiben, als sie haben. Ich betrachte also meine eigenen Erzählungen mit

Humor, nicht nur deswegen, weil ich mir selbst nicht ganz traue, sondern weil ich nicht gezwungen bin, der Garant meiner eigenen Folgerichtigkeit zu sein. Vielleicht heißt dies ja Gnade: Nicht der Garant seiner eigenen Folgerichtigkeit und Kontinuität sein müssen. Gnade denken, heißt, nicht mehr unter Identitätszwängen zu stehen

4. Die Autobiographen und ihre Leser
Wer ist der öffentliche Erzähler seiner Lebensgeschichte, und warum will er in einem Interview oder in einer Autobiographie sich selber öffentlich darstellen? Warum gewährt ein Mensch anderen, die er nicht einmal kennt, Einsicht in sein Leben, manchmal bis in das Geheimnis seines eigenen Herzens? Es ist nicht nur Eitelkeit, die jemanden dazu bringt, sich anderen mit der eigenen Lebensgeschichte zuzumuten. Sich veröffentlichen, sich zeigen in dem, was man liebt oder was man verachtet, ist eine Form, an sich selber zu arbeiten. Man wird der, als der man sich zeigt. Man bekommt Gesicht, indem man Gesicht zeigt. Sein eigenes Leben erzählen heißt ja nicht, eine Reihe von Tatsachen und Ereignissen, die für einen bestimmend waren, aneinanderzureihen. Eine Vergangenheit legt man sich auch zu, denn man erzählt nicht nur, wer man war und wer man ist. Man erzählt auch, wer man sein will und sein wollte. Eine Zeitlang war es Mode, sich ein vorgeburtliches Leben zuzulegen. Ich hörte immer mit Vergnügen, was Menschen in ihrem »früheren Leben« waren. Die eine war die Geliebte von Cäsar; der andere war Kampfgenosse Karls des Großen. Nie allerdings habe ich in einer Selbsterzählung gehört, dass eine nur Magd war und einer gewöhnlicher Bauer auf der schwäbischen Alb. Man besondert sich gerne in seiner Lebenserzählung und sagt sich: Ich bin nicht ein Gewöhnlicher oder eine Alltägliche. Jede Erzählung ist Dichtung und Wahrheit. Wer erzählt, wählt aus und betont Ereignisse des eigenen Lebens, und damit unterschlägt er andere Tatsachen. Je vollständiger und unpointierter eine Lebenser-

zählung ist, desto langweiliger ist sie. Je mehr ein Mensch sein Leben zu einer Dichtung macht, um so mitteilenswerter und lesenswerter ist sie. Erzählen heißt, aus den dahintreibenden Bruchstücken des eigenen Lebens einen fließenden Strom zu machen. Erzählungen stellen Kontinuitäten her. Und somit heißt erzählen, das eigene Leben einsichtig machen und es als sinnvoll interpretieren.

Aber warum lesen Menschen Biographien und fremde Erzählungen? Man liest sich immer auch selber in der Geschichte eines anderen. Man wird sich selber deutlich in der Erzählung des Gelingens und der Niederlagen eines anderen. Jede Hoffnungsgeschichte, die erzählt wird, flüstert einem zu: Das Leben geht! Bei jeder Erzählung von Niederlagen sagt man sich: Auch mir ist es passiert, und auch ich werde entrinnen. Jede Geschichte der Niederlage erzählt: Du wirst herauskommen aus deinen Niederlagen, wie jene Erzähler aus ihren Niederlagen gekommen sind. Ich verwickle mich in das Leben eines anderen, wenn ich seine Geschichte lese. Eine Erzählung lässt einen nicht unberührt, jedenfalls nicht ganz unberührt, es sei denn, sie ist schlecht. Selbst in den Erzählungen der grässlichsten Niederlagen sagt der Erzähler und hört der Hörer: Die Welt ist sagbar, man kann sie zur Sprache bringen. Die Welt ist lesbar. Sie ist nicht nur ein wirrer und zusammenhangloser Text. Wo nichts mehr zu erzählen ist, da ist die Lebenszuversicht endgültig gestorben. Das Verstummen ist die Sprache der Hoffnungslosigkeit. Solange einer spricht, glaubt er daran, dass es ein Gehör gibt und dass die Worte nicht in eisige Abgründe stürzen.

Viele Menschen haben heute nicht mehr als die Geschichten von glaubhaften anderen. Die systematischen Welterklärungen sind zerbrochen, die alten Traditionen sind für viele verstummt. Die Gruppen, die alte Erzählungen gehütet haben, werden weniger. Umso mehr hält man Ausschau nach Personen, deren Lebenserzählungen man trauen kann. Sicher, es ist zu wenig, den Zusammenhang der Welt aus der Geschichte von Personen zu lesen. Aber es ist wenigstens etwas, was Menschen hören können und – um ein altes Wort zu nennen – was sie erbaut. Vielleicht ersetzen heute die Biographien die alten Heiligenlegenden. So kann auch eine fremde Biographie ein Stück Befreiung bringen von der Tyrannei des Augenblicks und der dürftigen Hiesigkeit.

5. Die Erzählungen der Toten

Es erzählen nicht nur Personen mit ihrer Sprache. Die Straßennamen einer Stadt sind Erzählungen davon, was Menschen wichtig ist und woran sie erinnern wollen. Ihre Denkmale sind versteinerte Erzählungen. In Hamburg-Altona steht im Garten der Johanniskirche eine 1925 errichtete Stele als Kriegerdenkmal, die an die Toten eines Infanterieregiments aus dem Ersten Weltkrieg erinnert. Martialische Inschriften deuten den Tod der Soldaten und verherrlichen Krieg und Heldentum. Kniend hält ein Soldat ein riesiges Schwert. Das war die alte Erzählung vom Tod der Helden. Niemand hat eine größere Liebe als sie, die für Volk und Vaterland ihr Leben gelassen haben. Eine Gruppe in der Gemeinde bezweifelte diese alte Erzählung, und um das alte Denkmal wurden 1996 drei große gläserne Tafeln gestellt, die ausgemergelte, leidende Gestalten zeigen. Es sind keine Helden, es sind durch den Krieg geschundene Figuren, die an KZ-Häftlinge erinnern. Dies ist eine Gegenerzählung, die Krieg und Opfer nicht mehr verherrlicht, sondern von Schuld und Schrecken erzählt. Wie um viele Kriegerdenkmale gab es auch um dieses heftigen Streit, und gelegentlich wurden die Tafeln beschmutzt und zerstört. Wie wichtig die Erzählungen über die Toten sind, die eine Gesellschaft überliefert, zeigt sich daran, wie umstritten sie sind.

Denkmale, Totenfeiern und die in ihnen enthaltenen Erzählungen leisten mehr, als nur die Erinnerung an die Toten wach zu halten. Die Erzählungen über die Toten stehen für das, was die Lebenden wollen. Es sind Bestimmungen der Identität der Lebenden. Was man ist und was man will, wird darin deutlich, was man sich über die Toten erzählt und welcher Toten man sich erinnert. In beiden oben genannten Beispielen werden verschiedene Totengeschichten erzählt. Im Fall des Kriegerdenkmals erzählen die einen vom Heldentum der Toten, die anderen erzählen gegen die kriegerischen und heldischen Erinnerungen die Geschichten der Opfer. Beide Erinnerungen enthalten einen moralischen Appell. Die Geschichte des sterbenden Helden wird erzählt »den künftigen Geschlechtern zur Nacheiferung«, wie es bei Kriegerdenkmalen oft heißt. Die dunklen Gestalten auf den Glasbildern fordern eine andere Moral; eine Moral, »den künftigen Geschlechtern« zur Vermeidung von Krieg und Gewalt erzählt. Die Erzählungen über die Toten verpflichten die Lebenden: »Mortui viventes obligant.« Wozu die Toten verpflichten, geht aus der Art der Erzählung über sie hervor.

Die orientalische Geschichtensammlung »Tausendundeine Nacht« ist die schönste Erzählung über den Sinn des Erzählens. Ein orientalischer König lässt seine Frau umbringen, die ihm untreu war. Er gibt seinem Wesir Anweisung, ihm jede Nacht eine Jungfrau zuzuführen, die er am nächsten Morgen umbringen lässt. Nach einiger Zeit will Scheherazade, die Tochter des Wesirs, das Morden beendet. Sie lässt sich dem König für eine Nacht zuführen. Sie erzählt dem Fürsten Geschichten, und am Ende der Nacht ist sie an einer so spannenden Stelle, dass der König sie leben lässt und die nächste Nacht auf die Fortsetzung der Geschichte wartet. Scheherazade erzählt tausendundeine Nacht lang. Danach ist der König versöhnt. Sie darf am Leben bleiben, und auch keine weitere Frau mehr ist in Gefahr. Erzählung als Lebensrettung – das Beste, was man vom Erzählen sagen kann.

Geschenktes Leben

Menschen können sich das Leben nehmen, aber sie können es sich nicht geben. Sie können sich nicht selbst fabrizieren. Sie leben »dank anderen«, so sagt es Kurt Marti in diesen Zeilen:

> Ich bin, was ich bin, durch andere;
> Ich glaube, was ich glaube, dank anderen.
> Und so,
> mit jedem Atemzug:
> Leben aus geselliger Gnade.

Man ist nicht gezwungen, Meister seiner selbst zu sein. Das ist die Gnadenstruktur des menschlichen Daseins. Das Leben ist Geschenk. Das, wovon wir wirklich leben, können wir uns nicht selbst gewähren, nicht unsere eigene Geburt, nicht die Freundschaft, nicht die Vergebung. Wir können uns nicht selbst glauben, wenn niemand uns glaubt. Wir können uns nicht selbst annehmen, wenn niemand uns annimmt. Wir können uns nicht selbst schön finden, wenn niemand uns schön findet. Wir leben, weil wir ins Leben gerufen sind vom Blick der Güte. Ich zitiere ein Gedicht von Hilde Domin:

> Dein Ort ist
> wo Augen dich ansehn.
> Wo sich die Augen treffen
> entstehst du
>
> [...]
>
> Du fielest,
> aber du fällst nicht.
> Augen fangen dich auf.

Es gibt dich
weil Augen dich wollen,
dich ansehn und sagen
daß es dich gibt.

Der Mensch ist ein bedürftiges Wesen. Das schändet ihn
nicht, es befreit ihn. Es befreit vom Zwang, sich dauernd
selbst zu bedenken und auf sich selbst aus zu sein. Selbst-
bezogenheit wohnt immer nahe beim Unglück. Wenn ich
geliebt werde, kann ich mich vergessen im Glück der Liebe. Wenn mir vergeben wird und ich Vergebung annehmen kann, dann bin ich nicht eingekerkert in den Blick
nach hinten, in eine Vergangenheit, die verspielt ist. Wenn
ich das Glück der Freundschaft genieße, das unverdiente,
dann verlerne ich die Frage nach mir selbst und dem eigenen Profil. Ich werde selbstlos, dies nicht im moralischen Sinn des Wortes. Ich gerate aus der Gefangenschaft
der Selbstbeabsichtigung und aller Selbstrettungsversuche.
Man ergibt sich in das Geschenk des Lebens, das andere
uns gewähren; man rettet sich in den Blick, der uns reicher
findet, als wir sind, und der uns Leben schenkt.

Ich erzähle eine kleine Geschichte, die ich bei einer
Zugfahrt erlebt habe. Ein junger, etwa 25-jähriger Schwarzer sitzt einer alten Frau gegenüber. Es geht ihm offensichtlich nicht gut. Plötzlich würgt er, erbricht sich und beschmutzt die alte Frau erheblich. Er ist verstört und verbirgt
lange Zeit sein Gesicht in seinen Händen. Er möchte nicht
da sein, er möchte vor Scham in den Boden versinken. Die
Scham macht ihn machtlos. Schließlich setzt sich die Frau
neben ihn und legt den Arm um seine Schulter. Erst dann
nimmt er die Hände vom Gesicht und lächelt die Frau
scheu an. Der Bann ist gebrochen, und er kann seine Augen erheben. Die charmante Güte der Frau hat ihm seinen
Stolz wiedergegeben. Er braucht sich nicht mehr zu verbergen. Zwei Schönheiten: die alte Frau, die ihm nichts
übel nimmt; der junge Schwarze, der die Augen wieder

aufschlägt und von seiner Scham befreit ist. Es ist wie ein Liebesspiel zwischen den beiden. Ich frage mich, was mehr Kraft kostet, die Güte der Alten oder die Annahme dieser Güte durch den jungen Mann. Die Frau bleibt Herrin des Geschehens. Sie kostet die Güte nur die Reinigung eines Kleides. Ich glaube, dass der Schwarze eine schwerere Kunst gezeigt hat, nämlich die Augen wieder aufzuschlagen und sich in die Großmut der Frau zu bergen. Die Kunst zu vergeben ist schwer genug, aber sie ist leichter als die Kunst, sich zu ergeben. Das Leben zu schenken ist leichter, als das Geschenk des Lebens anzunehmen. Geben ist leichter als nehmen. Nehmen ist seliger als geben, möchte man in diesem Fall sagen.

Sich ergeben ist eine schwere Kunst, nicht nur im Kriegsfall. Es ist nicht leicht, auf die völlige Meisterschaft über das eigene Leben zu verzichten. »Der Starke ist am mächtigsten allein«, heißt es in Schillers Tell. Diesem Glaubenssatz – es ist ja ein Glaubenssatz! – ist leichter zu glauben, als der Wahrheit, dass die »gesellige Gnade« uns stark und frei macht. Man muss sich ja aus der Hand geben, wenn man sich auf anderes verlässt als auf sich selbst. Sich aus der Hand geben, sich fallen lassen in Liebe, Freundschaft, Vergebung und Gnade, heißt die Angst vor dem freien Fall in die fremde Güte überwinden. Je größer die Lebensängste sind, desto mehr ist man versucht, sich an sich selbst zu klammern. Unsere Lebensängste können wir nur schwer bändigen, und darum flüchtet man so leicht in die fatale Meisterschaft über das eigene Leben.

Man lebt von der geselligen Gnade; man lebt, weil einem das Leben gewährt ist. Die Gnadenlosigkeit wirkt übrigens wie die Gnade. Man stirbt an den Blicken, die den Tod in uns hineinsehen. Ein schwarzer Jugendlicher aus einem New Yorker Ghetto hat unter der Überschrift »Was bin ich?« einen Brief an seinen Lehrer geschrieben, daraus folgende Sätze:

Ihr habt mich so erzogen, dass ich meine Brüder und Schwestern hasse. Was bin ich?

Ihr nennt mich Boy, einen dreckigen Strichjungen. Was bin ich?

Ich bin die Summe eurer Sünden. Ich bin die Leiche in eurem Keller.

Vor allem bin ich, wie ihr so unverhohlen sagt: euer NIGGER.

Der Schwarze ist beherrscht von dem Gefühl, nicht er selber zu sein. Die anderen sehen den Würdelosen, den Boy, den Strichjungen in ihn hinein, und so wird er, was sie schon lange gesehen haben: der Nigger. Die feindlichen Blicke halten seine Gedanken und sein Herz besetzt, sie zerstören seine Freiheit. Wir sind nicht nur die, die wir sind. Wir sind auch die, als die wir angesehen werden, im Guten und im Bösen. »Wir sind nicht die Bildhauer unserer Gesichtszüge und nicht die Regisseure unseres Ernstes, unseres Lachens und Weinens.« (Pascal Mercier) Die Gesellschaft hat die Gesichtszüge dieses Jungen schon modelliert in ihrer Gleichgültigkeit und Unbarmherzigkeit, und der Schwarze sieht sich selbst mit den Augen der Gesellschaft. Er übernimmt ihr Todesurteil: Ich bin die Leiche in eurem Keller, ich bin euer Nigger. Dem Schwarzen ist nicht das Leben geschenkt, sondern der Tod. Ich rede keiner fatalen Automatik das Wort, als sei der Junge unweigerlich und für immer die Beute der bösen Blicke. Aber schwer ist es schon, dem Gerichtshof der anderen zu entkommen. Die Lebensgewissheit und die Selbstachtung hängt davon ab, wie Menschen ihr Leben erfahren und wie sie behandelt werden.

Schwer ist wird es dem Jungen aus dem Ghetto, die Nachricht von der Gnade im religiösen Sinn zu verstehen, in der Gott uns ganzer, schöner und reicher sieht, als wir sind. Diesen Schwarzen sehen die Menschen gefährlicher, hässlicher und überflüssiger als er ist. Er hat in seinem Leben so sehr das Gegenteil von der Nachricht des Evangeliums erfahren, und diese Erfahrung kann sich so in ihm eingenistet haben, dass er an nichts anderes mehr glauben kann. Wer an der Verkündigung des Evangeliums interessiert ist, muss auch an gesellschaftlichen Zuständen interessiert sein, die das Evangelium hörbar machen.

Am Ende die bange Frage eines alten Menschen nach den Lebensgeschenken, die wir unseren Kindern und Enkeln hinterlassen. Was haben wir unseren Kindern eigentlich vermacht? Es ist nicht nur eine persönliche Frage, sondern die Frage an meine Generation. Es ist eine Bußfrage an uns Alte. Ein Mensch ist ein Wesen, das die Namen seiner Großeltern kennt und für seine Enkelkinder sorgt. Wie haben wir für unsere Kinder und Enkel vorgesorgt? Was haben wir ihnen vorenthalten? Ich frage nicht, was ich meinen Nachkommen an Hab und Gut hinterlasse, sondern welche Welt sie von uns erben. Werden sie reines Wasser zum Trinken haben? Haben wir die Böden so überdüngt und zerstört, dass sie krank werden an den Früchten der Erde? Haben wir ihre Landschaften so zersiedelt, dass sie den Trost der Natur nicht mehr kennen? Hinterlassen wir ihnen eine bewohnbare Stätte? Wiederum Mercier: »Ich zittere beim bloßen Gedanken an die ungeplante und unbekannte, doch unausweichliche und unaufhaltsame Wucht, mit der Eltern in ihren Kindern Spuren hinterlassen, die sich, wie Brandspuren, nie mehr werden tilgen lassen.« Wir sind der Gerichtshof unserer Nachkommen mit den Lasten, die wir ihnen hinterlassen und ihnen auferlegen. Wir setzen sie gefangen in den Bannkreis unseres Versagens und unserer Schuld. »Unsere Vorfahren haben gesündigt, sie sind nicht mehr, aber wir tragen ihre Schuld«, klagt der Prophet Jeremia. Unsere Enkelkinder müssen uns vergeben. Wir stehen in ihrer Schuld, und sie erben unsere Schulden. Das zu wissen, ist die beste Voraussetzung, mit ihnen in Frieden zu leben. In archaischen Gesellschaften, in denen die Alten ungeschützt und der

Gnade der Jungen ausgeliefert waren, haben die ethischen Gebote für sie plädiert. »Ehre deinen Vater und deine Mutter, auf dass du lange lebst auf dem Boden, den der Ewige, dein Gott, dir gibt!«, heißt es im Dekalog der hebräischen Bibel. In unseren Zeiten, in der die Zukunft der kommenden Generationen so ungewiss ist, soll es heißen: Ehre deine Kinder und Kindeskinder, die der Ewige dir gegeben hat, dass sie eine Erde finden, auf der sie atmen und arbeiten können; auf der sie glücklich sein und Gott anbeten können! Sorge für sie und führe nicht Krieg gegen deine eigenen Nachkommen! Die Saat von heute ist das Brot für morgen. Es gilt auch umgekehrt: Der verdorbene Samen von heute ist der Hunger von morgen.

Freundschaft: Die Besiedelung der Welt

Man kann nicht allen Menschen in gleicher Weise nahe sein. Man kann nicht an allen Orten in gleicher Weise beheimatet sein. Man kann nicht alle Bücher in gleicher Weise lieben. Wir sind nicht omnipotent, auch nicht in unseren erotischen Fähigkeiten. Wir sind endliche Wesen in unserem Verhältnis zu Menschen und Dingen. Darum schließen wir Freundschaften mit Menschen und Dingen und schaffen uns so eine Welt, in der wir zuhause sind; jedenfalls mehr zuhause als in anderen Welten. »Freundschaft schließen« – ich lese drei Bedeutungen in dieser Wortkombination, die erste: Ich *schließe* mich in besondere Weise an einen Menschen oder an Dinge. Ich schließe mich ihnen auf und ich befreunde mich mit ihnen. Dies ist ein Akt der auswählenden Liebe, ein Moment der Freiwilligkeit also. Mit Familienbeziehungen ist es anders, da hat man keine Wahl. Familien sind Schicksal, gnädiges oder bösartiges Schicksal. Eine Freundschaft ist ein Haus mit offenen Türen, man kann eintreten und man kann das Haus wieder verlassen; verlassen jedenfalls mit geringerer Dramatik, als wenn man einem Familienhaus kündigt.

Ganz behält man seine Kommens- und Gehensfreiheit nicht, wenn man eine Freundschaft geschlossen hat. Man ist zwar in einer guten Freundschaft nicht gefesselt, aber man ist in sie gebunden, wie die Nähe zu Menschen uns immer bindet. Freundschaften verlangen Treue, Nähe, Entschiedenheit. Die Freundschaften, die wir schließen und die ihren Namen verdienen, *schließen* uns ein und nehmen uns die Willkür des Kommens und Gehens – die andere Bedeutung des »Schließens«. Freundschaften sind nicht unser Kerker, aber sie setzen unserer Beliebigkeit Grenzen. Man kann die Freundschaft »verraten«, wenn man diese Grenzen missachtet.

Ein drittes Moment des Wortpaares »Freundschaft schließen«: Die Freundschaft zu einigen Menschen *schließt* die Freundschaft zu anderen aus. In den Klöstern wurde lange besonderen Freundschaften und Nähen zwischen einzelnen Mönchen misstraut; als »Privatfreundschaften« waren sie suspekt, eben wegen der Ausschließlichkeit jener Beziehungen. Jeder, der schon einmal in Gruppen gearbeitet hat, kennt das Misstrauen gegen den »inneren Kern« der Gruppe; gegen jene in der Gruppe, die durch besondere Nähe miteinander verbunden sind. Nähen ziehen Grenzen. Diese Grenzen müssen nicht feindlich sein. Es gibt kein Leben und keine Intensität ohne solche Grenzen. Man lernt durch sie, wer man ist, indem man lernt, wer man nicht ist.

Ich suche einige Stellen solcher Freundschaften auf und nenne als erste *die Freundschaft mit Büchern.* Ich habe acht oder zehn Bücher, die meine besonderen Freunde sind. In sie mache ich z. B. keine Eselsohren, aber ihr Text ist mit vielen Unterstreichungen und Anmerkungen versehen. Sie stehen an bevorzugter Stelle in meinem Regal, und ich leihe sie nur ungern aus. Es sind übrigens kaum Bücher, die unmittelbar zu dem Fach gehören, das ich zu bearbeiten habe. Wenn ich etwas zu schreiben habe, befrage ich sie zuerst, blättere in ihnen herum, gehen zu ihnen wie zu einem Lehrer, dem ich in besonderer Weise vertraue, auch wenn er zu dem Thema, mit dem ich mich gerade beschäftige, nicht sehr viel zu sagen hat. Es sind übrigens meistens Bücher von Autoren und Autorinnen, die eine gute Sprache haben. Solche findet man bekanntlich nicht an jeder literarischen Straßenecke. Geist vermute ich immer bei guter Sprache. Ein solcher Buch-Freund ist für mich z. B. Leon Wieseltier mit seinem »Kaddisch«. Das Buch ist nicht für alles zuständig, aber da ich das Buch zu meinem Freund gemacht habe, vermute ich es für vieles zuständig (über Freundschaft habe ich übrigens wenig in ihm gefunden). Ich gebe diesem Buch also einen Vorschuss vor anderen Büchern und lese manchmal mehr in es hinein als aus ihm heraus. So macht man es ja auch bei Menschenfreunden. Vielleicht gibt es schönere, weisere und zutreffendere Bücher. Aber diese sind nun einmal nicht in gleicher Weise

meine Freunde. Ich finde etwas in meinen Freundschaftsbücher, weil ich etwas suche. Es ist also eine Sache des Vertrauens und der Liebe, die mich mehr finden lässt, als das
Buch reich ist. So ist es auch mit Menschenfreundschaften.

Übrigens bin ich nicht in gleicher Weise mit der Bibel
befreundet. Sie ist mehr »Familie«. Sie gehört enger und un-
ausweichlicher zu mir als die Freundschaftsbücher, und es
ist mir nicht möglich, ihr zu kündigen wie jenen Büchern.
Ihr bin ich anders verpflichtet, und sie setzt mich anders
gefangen als die Bücher, vor denen ich die Wahl habe. Auf
die Bibel muss ich hören, auf die Freundschaftsbücher darf
ich hören. Natürlich erlaube ich auch der Bibel nicht, mich
einzukerkern. Aber sie hat eine andere Autorität als die,
die ich den Freundschaftsbüchern verliehen habe. In dieser Bibel treiben sich auch Ideen, geistige Figuren herum,
die mich gelegentlich ärgern, die ich aber ebenso wenig
loswerde, wie man Familienmitglieder loswird. Übrigens
auch da gleicht das Verhalten dem, das man zu Familien-
mitgliedern hat: Man verschweigt gerne vor anderen ihre
Schwäche und beschönigt sie. Ein Glück, dass es nicht nur
die Bibel gibt; ein Glück, dass es nicht nur die Familie gibt!

In ähnlicher Weise kann ich mich mit *Orten* befreunden.
Ich wohne am Vierwaldstätter See in der Schweiz und liebe einen Berg besonders, den Fronalpstock, lieber als den
Pilatus, ebenfalls in der Nähe des Sees. Warum? Ich kann
es nicht sagen, wie man in der Liebe und in der Freundschaft nie ganz erklären kann, warum man eben diese
Wahl getroffen hat. Ich finde es charmant, dass es Stellen
gibt, an denen man sich selbst nicht ganz entschlüsseln
und durchschauen kann. Der Pilatus ist vermutlich nicht
weniger schön als mein Fronalpstock. Aber er ist nicht in
gleicher Weise mein Berg. Ich »finde« meinen Berg schöner,
weil ich seine Schönheit intensiver gesucht und sie in ihn
hineingelesen habe. Übrigens verlangt der Fronalpstock
wie ein Menschenfreund Treue. Er verlangt meinen gele-
gentlichen Besuch, sonst könnte seine Schönheit in mei-

nen Augen verblassen. Die Welt wird freundlicher, bekannter und vertrauter, wenn man Orte des Vertrauens hat.

Es gibt eine Weise des Flanierens durch die Welten, eine Art des Donjuanismus, in der alles gleichgültig bleibt, weil man viel genossen, aber keine Wahlen getroffen hat. Wenn man die Welt nicht durch Freundschaften besiedelt, bleibt man unbehauster Weltbürger. Es gibt andere Orte der Freundschaft, Kirchen, z. B. die Katharinenkirche in Hamburg oder die Franziskanerkirche in Luzern. Mit *einem* Ort befreundet zu sein, bedeutet zwangsweise, andere Orte weniger zu lieben oder sie gar zu verschmähen, obwohl ich ihnen damit vielleicht Unrecht tue. So meide ich diese Orte, etwa den Hamburger Michel, den Kölner Dom oder meinen Feind, den Petersdom in Rom. Liebe bevorzugt, und einem Stück Ungerechtigkeit kann man dabei nicht entkommen (beim Petersdom allerdings habe ich kein Unrechtsbewusstsein).

Freundschaft zu Dingen und Orten lebt nach ähnlichen Gesetzen wie die Freundschaft unter Menschen. Auf diese will ich nur mit einem Gedanken eingehen: Was unterscheidet sie von der reinen Genossenschaft? Ist Freundschaft immer eine Sache der Herzen, und besteht sie nur aus den Herzen, die einander zugeneigt sind? Es gibt offensichtlich Nähen von Menschen, die nicht zuerst aus unmittelbarer Herzlichkeit bestehen. Die Quäker, jene christliche Gruppierung, die im 17. Jahrhundert in England entstanden ist und die sich dem Frieden und der sozialen Gerechtigkeit verpflichtet weiß, nennen sich »Gesellschaft der Freunde«. Freunde und Freundinnen sind diese Menschen nicht, weil sie sich alle mögen. Freunde sind sie, weil sie eine Sache vereinigt; etwa ihr Gottesdienst, der in großen Teilen aus Schweigen besteht. Freundschaftlich verbunden sind sie in der gemeinsamen Arbeit am Frieden und am Recht. Es gibt also menschliche Nähen, deren Autor nicht das Herz ist, sondern die gemeinsam geglaubte und vertretene Sache. Die Parteifreunde verbindet die oft kühle Gemeinsamkeit eines

Programms. Die Christen, die sich Brüder und Schwestern nennen, verbindet die Gemeinsamkeit ihres Glaubens. Oft ist das Herz recht unbeteiligt an solchen Freundschaften und Geschwisterschaften. Man fühlt sich zusammengehörig und muss sich dabei nicht unbedingt mögen. Ich war kürzlich auf einer Konferenz von Christen, die hart miteinander stritten. Ein Bischof wollte den Streit mildern und redete einen Teilnehmer des Streites mit »mein Bruder« an. Dieser empört: »Ich bin nicht Ihr Bruder!« Dann sagte er mit grimmigem Humor: »Also meinetwegen ›Bruder‹, es bleibt mir ja nichts anderes übrig.« Es blieb ihm nichts anderes übrig, weil etwas vorlag, das größer war als ihr Dissens. Die Herzen sprachen gegeneinander, aber eine gemeinsame Sache verband sie.

Nicht immer, aber oft schafft die gemeinsame Sache auch eine persönliche Nähe. Wenn ich in einer fremden Stadt in einen Gottesdienst gehe und neben wildfremden Menschen sitze, bin ich nicht neben ihnen, wie ich im Wartesaal eines Bahnhofs neben meinem Nachbarn sitze. Es ist ein Vorschuss an Nähe da, den die Einzelnen nicht erarbeitet haben und der aus der gemeinsamen Lebensoption besteht. Menschen blicken sich freundlich an, sagen ein Wort zueinander, obwohl sie wenig voneinander wissen und wenig miteinander zu tun haben. Diese Gemeinsamkeit erzeugt Lebenswärme, also Freundschaft. In einem wichtigen Ziel verbunden zu sein, dem man freiwillig zugestimmt hat, erzeugt mehr als eine reine zweckorientierte Genossenschaft. Man ist sich wenigstens in diesem Ziel einig, oft bei herzlicher Uneinigkeit.

Vielleicht braucht jede Freundschaft im ursprünglichen Sinn des Wortes, um intensiv und langfristig zu bleiben, eine gewisse Gemeinsamkeit in einem Dritten, in einer gemeinsamen Arbeit, in einem zusammen verfolgten Ziel oder in einer gemeinsamen Lebenssicht. Jeder hat es schon einmal erlebt, wie Freundschaften blass werden oder gar zerbrechen, wenn die Lebensziele auseinanderdriften. Die Freundschaft des Kriegsgegners und des Aufrüstungsbefürworters hat es nicht leicht. Eine Ehe eines religiösen Menschen mit einem Religionsverächter bleibt bedroht. Das Herz ist zu klein, wo ihm nicht geholfen wird von einer gemeinsam vertretenen Sache, von einer gemeinsamen Arbeit und einem geteilten Lebensglauben. Freundschaft ist eine Grundform der Liebe. Liebe aber braucht, damit sie bestehen kann, Kinder. Es müssen nicht immer leibliche Kinder sein. Es können gemeinsame Interessen sein, gemeinsame Arbeiten oder Lebensziele, für die man zusammen kämpft. Man findet sich im gemeinsamen Dritten. Nach alter katholischer Ehelehre kommt eine Ehe erst zustande, wo beide Partner Kinder wollen. Die krude Wörtlichkeit einer solchen Auffassung ist problematisch, aber wahr ist ihr Geist. Unmittelbarkeit kann nur gelingen, jedenfalls auf Dauer nur gelingen, wenn sich ein Drittes einstellt, ein »Kind«, ein gemeinsames Anliegen; wenn die Zuneigung sich verfremden und Gestalt gewinnen kann in wichtigen Themen und Arbeiten. Oft ist es so, dass das gemeinsame Dritte in einer Freundschaft oder einer Ehe Menschen zusammenhält, wo der unmittelbare Zugang zueinander schon schwer geworden ist. Menschen, die sich darin erschöpfen, sich in die Augen zu sehen, werden füreinander blind. Dagegen wachsen Menschen in ihrer Freundschaft und Zuneigung, wo man sich einig ist in einer gemeinsamen Sache. Freunde oder Liebende, die kein anderes Thema haben als sich selber, verholzen in ihrer Beziehung, denn weltlose Beziehungen werden auf Dauer langweilig. Die Konflikte werden schärfer und unlösbarer, wo sie nicht die gemeinsame Sorge um ein Drittes mildert. Zwei Menschen, die nicht mehr haben als sich selber und die sich selber immer das Wichtigste auf der Welt sind, sind sich auf Dauer nicht genug. Wir sind endlich, auch in unserer personalen Zuneigung. Aber die Grenzen werden weiter, und Menschen brechen ihre eigene Enge auf, wo sie voneinander abzusehen vermögen im Blick auf das gemeinsame Dritte. Freundschaften finden dort ihre Fülle, wo sie zugleich Arbeitsgemeinschaften sind; wo die Freunde zugleich Genossen sind.

Tugend – zur Rettung eines verfemten Begriffs

Seit es die menschliche Sprache gibt, haben wir es mit geschändeten Wörtern zu tun. Auch der Begriff Tugend hat seine Missbrauchsgeschichte. Ein struktureller Missbrauch liegt immer da nahe, wo herrschaftliche Instanzen diktiert haben, was Tugenden sind. Glücksverzicht konnte zur Tugend erhoben werden. Das war vor allem das Problem der Kirchen mit ihren Sexualdiktaten und Verboten. Es konnte das Problem von Staaten sein, die militärische Haltungen zu Haupttugenden erhoben haben: die Treue, den Gehorsam, die Tapferkeit, die Disziplin, den Mut. Das konnten bürgerliche Gesellschaftsdiktate sein, die Zielstrebigkeit, Arbeitseifer, Sparsamkeit, Pünktlichkeit, Pflichtbewusstsein zu Götzen erhoben haben. Es kann auch eine hedonistische Gesellschaft sein, die Selbsterfüllung und die Verfolgung des eigenen Glücks zu Haupttugenden erklärt. Kaum eine dieser Tugenden ist falsch. Falsch sind nur die Interessen, mit denen sie befohlen wurden. Darum nenne ich als Merkmal einer humanen Tugend zunächst das Misstrauen gegen die Verhaltenserwartungen aller, die eine vorrangige Stimme in der Gesellschaft haben. Man muss fragen, in wessen Dienst eine empfohlene Tugend steht.

Ich will mich aber nicht bei dem Missbrauch des Begriffs aufhalten, sondern eine erste Bestimmung versuchen: Tugend ist die Haltung eines Menschen, der niemanden zum Opfer macht, nicht einmal sich selbst; oder um es mit einer alten biblischen Bestimmung zu sagen: Tugend heißt, den Nächsten zu lieben wie sich selbst.

Ich stelle die alte Frage des Evangeliums: Wer ist mein Nächster? (Lukas 10,29) In der alten begrenzten Welt war es klar: Der Nächste ist, wer mir in den Blick kommt als von Räubern Niedergeschlagener; als Fremder, dem die Rechte der Einheimischen zu gewähren sind; als Witwe oder Waise, die sich nicht mehr versorgen können; als gesellschaftlich Diskriminierte; als Hungernde und Dürstende. Wenn man ein Herz hatte und wenn die eigenen Interessen die Augen nicht blendeten, lag auf der Hand, was zu tun war. Nächstenliebe war Caritas. In diesem Sinn haben die Kirchen Krankenhäuser gebaut, in denen die Ärmsten versorgt wurden; Schulen für Kinder, die keinen Zugang zur Bildung hatten; sie haben Suppenküchen eingerichtet und Waisenhäuser gebaut. Die Welt schien kaum veränderbar. Sie war ein Jammertal, in dem Trost und Linderung möglich waren, aber grundsätzliche Änderungen konnten kaum gedacht werden.

Spätestens seit der Aufklärung haben wir gelernt, wie sehr wir Macher unserer Welt sind, Macher auch unseres Glücks und unseres Unglücks. Wir haben gelernt, oder wir konnten es wenigstens lernen, wie Opfer produziert werden. So wurde es möglich und notwendig, dass die Tugend der Nächstenliebe intelligent und politisch wurde. Sie fand ihre politische Färbung mit dem Wort Gerechtigkeit. Gerechtigkeit ist strukturell gedachte Liebe; es ist nicht nur die personale Zuneigung des einen zum anderen. Diese Liebe denkt nicht nur interpersonal, sondern sie lebt in der strukturellen Beachtung von Wirklichkeit. Wenn diese Liebe langfristig ist und ihre politische Naivität abgeschüttelt hat, dann weiß sie, was der Markt und die Ökonomie den Menschen antun können. Die Tugend der Nächstenliebe ist erwachsen geworden, sie denkt politisch. Sie kann sich vorstellen, »alle Verhältnisse umzuwerfen, in denen der Mensch ein erniedrigtes, ein geknechtetes, ein verlassenes, ein verächtliches Wesen ist«. (Karl Marx) Wenn also den Kirchen bei ihren politischen Interventionen vorgeworfen wird, sie verrieten das »Eigentliche«, indem sie sich so sehr um Gerechtigkeit kümmern, dann könnte man ihnen auch vorwerfen, sie verrieten mit der Nächstenliebe das Eigentliche.

Noch einmal die Frage: Wer ist denn mein Nächster? Der Nächste in alten Zeiten war der Mensch im Nahbereich der kleinen, sich nicht verändernden Welt. Die Sorge bezog sich auf die Gegenwärtigen, deren Leben man verändern konnte, nicht aber ihre Welt. Für das Glück gegenwärtiger Menschen konnte man sorgen, nicht aber für das Schicksal späterer Generationen. Wir sind in einer anderen Lage. Wir können unsere eigene Welt und damit die Welten der zukünftigen Generationen verändern. Wir können ihre natürlichen Ressourcen pflegen oder zerstören. Wir können mit den ungeheuren technischen Möglichkeiten ihr Klima verändern. Wir können die Länder versteppen. Wir sind die Züchter der Welten unserer Nachkommen geworden. Unsere Nächsten sind also unsere eigenen Kinder und Enkel, es sind die Menschen, die nach uns kommen. Und so ergibt sich ein neuer Tugendimperativ: »Handle so, dass die Wirkungen deiner Handlung verträglich sind mit der Permanenz echten menschlichen Lebens auf Erden.« (Hans Jonas)

Ich nenne eine neu-alte Tugend, die dafür nötig ist: die Bescheidenheit. Bescheidenheit war früher die Fähigkeit der Begrenzung oder Zurücknahme der eigenen Person, die ihr Ziel in sich selbst hatte. Es geht aber nicht nur um persönliche Selbstbegrenzung und Vervollkommnung. Bescheidenheit muss zu einer politischen Tugend werden. Sie muss sich in den Strukturen und der Planung einer ganzen Gesellschaft zeigen; d. h. sie muss zu Gesetzen werden, die dafür sorgen, dass für künftige Generationen Land zur Bebauung vorhanden ist, Luft zum Atmen und Wasser zum Trinken. Frühere Tugendlehren hatten vor allem das Subjekt zum Ziel. Künftige Tugenden zielen auf Welten, in denen das Leben gedeihen kann.

Noch einmal: Wer ist denn mein Nächster? In der alten Welt ist es der sichtbare und erreichbare Nächste. Ihm konnte man wohlwollen oder übelwollen. Auch das hat sich verändert. Wir leben in globalisierten Gesellschaften, und unser Handeln hat Folgen für die Menschen an den fernsten Orten. Unsere Handelsgesetze betreffen Bauern und Bäuerinnen in Afrika. Unser Konsuminteressen lassen andere verarmen. Unsere billigen Jeans sind zugleich die Beraubung der Arbeiterinnen in den Fabriken in Honduras. Wie die Ausbeutung in unserer Welt keine Grenzen kennt, so kann es auch keine Grenze geben für die Tugend der Sorge; Sorge wiederum nicht nur als individuelle Besorgtheit, sondern eine Tugend, die sich in Gesetze gießen lässt, die das Leben der Fernen und Fremden schützt. Ich nenne hier wiederum ein altes Wort, das neu zu bedenken ist: die Askese. Das ist keine Tugend, die ihren Sinn in sich selbst hat, sondern die das Leben der anderen ermöglicht und das eigene intensiv macht. Bei dieser Tugend fallen Liebe und das eigene Glück zusammen. Liebe deinen Nächsten wie dich selbst! Die Verschwendung und der Überfluss sind Haltungen, die nicht nur andere verstümmeln, sondern in denen wir uns selbst beschädigen. Es ist hier nicht eine Opferaskese gemeint, die dem Menschen befiehlt, das Beste von seinem Leben einem hungrigen Gott zu geben. Mit dem Begriff Askese war immer der Gedanke der Freiheit verbunden. Der freiwillige Verzicht sollte die Menschen davor bewahren, Sklave der Welt zu werden: Sklave des Geldes, des Essens und Trinkens, seiner Sexualität. Zugegeben, das alte asketische Denken war prinzipiell misstrauisch gegen die Freude am Leben. Es gibt aber eine Askese, die der Freiheit und der Lust am Leben dient. Diese Askese lehrt uns, neue Fragen zu stellen: Welchen Ort muss ich nicht sehen, damit ich andere Orte mit offenen Augen sehen kann? Welches Buch muss ich nicht lesen, damit ich andere Bücher mit wachem Geist lesen kann? Was muss ich nicht haben, damit meine Lust an den Dingen wächst, die ich habe? Welchen Lebenskuchen muss ich nicht essen, damit meine Lust am Lebensbrot wächst? Eine solche Askese wäre darauf aus, die Sinnenhaftigkeit des Lebens zu erhöhen. Man muss Askese und Sinnlichkeit zusammendenken. Sinn und Sinnlichkeit hängen nicht nur im Wortstamm zusammen. Es gibt keinen Lebenssinn ohne die Erfahrung der Sinnlichkeit des Lebens. In dieser Askese lieben wir nicht nur den Nächsten, sondern uns selbst. »Welt des Brotes« nennt der große Filmemacher Pier Paolo Pasolini jene Welt, in der jeder hat, was er braucht, und aus der jeder konsumistische Überfluss verbannt ist. Faschismus nennt er die Welt der diktierten und von allen akzeptierten Konsumzwänge.

Und noch einmal: Wer ist denn mein Nächster? Unser Nächster, der zu hegen ist und dem Grundrechte einzuräumen sind, ist die außermenschliche Natur. Die Tiere, das Wasser, die Bäume, die Gletscher und der gesamte Kreislauf des Lebens. In alten Zeiten hatte der Mensch wenig Gewalt über die Natur, und er konnte sich nur schwer gegen sie schützen. Wir sind heute Herren und Sieger über sie geworden. Wir müssen sie heute gegen uns selbst schützen. Die neue Dimension der Moral kann nicht mehr nur anthropozentrisch sein. Wir sind Teil der Schöpfung, nicht ihre Krone. Die Natur ist, gerade weil wir sie so zerstören können, »menschliches Treuegut« (Hans Jonas) geworden. Die Tiere sind unser Treuegut, nicht nur unsere Sklaven. »Niemals tut man so vollständig und so gut das Böse, als wenn man es mit gutem Gewissen tut.« (Pascal) Was alles haben wir den Tieren mit gutem Gewissen angetan? Wir verweigern ihnen die natürlichsten Rechte; züchten sie gegen ihre eigene Natur, wie wir sie brauchen; vernichten sie, damit wir uns mit ihren Fellen schmücken. Das alles geschieht fraglos, jedenfalls bisher! Welche heillose Arroganz des Menschen, zu glauben, das Wesen der Schöpfung sei, Beute des Menschen zu sein! Je weniger er an Gott glaubt, desto mehr maßt er sich selber das Recht der Omnipotenz an; das Recht, Sieger, Jäger, Erleger, Vernichter und Benutzer allen nicht-menschlichen Lebens zu sein. Auf Dauer zerstören die Sieger sich selber, wenn sie nicht anderes kennen als Sieger und zu Besiegende; Benutzer und Benutzbares. Wir bringen uns um die Geschwisterlichkeit des Lebens; um den Trost der Natur, wenn wir ihr keinen anderen Sinn zuschreiben, als zu unserer Verfügung zu sein. Vor einigen Jahren hat man wegen der Gefahr des Rinderwahns Hunderttausende von Rindern vernichtet. Wir erschrecken vor dem Grauen unserer eigenen Macht. Vielleicht lernen wir aus diesem Schrecken, dass die Tiere nicht nur Verfügungsmaterial sind.

Die Grundbedingung der Tugenden, für die ich plädiere, ist, der eigenen Sterblichkeit zuzustimmen. »Lehre uns bedenken, dass wir sterben müssen, auf dass wir klug werden«, heißt es im Psalm (90,12). Und dazu ist wohl wieder eine alt-neue Tugend nötig: die Demut. Sie lehrt mich: Wir sind nicht alles und nicht die Meister von allem, wir sind ein Teil vom Ganzen, nicht mehr. Aber das ist viel. Wir sind nicht nur für uns da, und nichts ist für uns allein da. Wir werden sterben und nicht mehr sein. Aber die Welt mit uns soll sein und die Welt nach uns. Und Gott wird sein. Das genügt!

Nun habe ich mit dem Plädoyer für die unerlässlichen Tugenden die Bedingungen dafür geschafft von allen Herren Sarrazins und Henscheids Gutmensch genannt zu werden. Ich habe abgenutzte Begriffe wie Demut, Askese und Bescheidenheit genannt. Ich habe öfter »wir müssen« gesagt, ich habe moralisiert, ich will die Welt verbessern, ich plädiere für Moral und Tugend. Ich bekenne mich schuldig. Aber ich empfehle allen, die den Titel Gutmensch so großzügig vergeben, daran zu denken, woher er eigentlich stammt. Die ersten, die als Gutmenschen bezeichnet wurden, waren Kardinal von Galen und seine Mitstreiter, die gegen die Ermordungen von zig-tausend Behinderten in jenen dunklen und zynischen Zeiten gekämpft haben.

Heimathöhle Religion

Die Grundtexte des christlichen Glaubens sind nicht sehr heimatfreundlich. Die ersten Nachfolger fragen Jesus nach seinem Ort, seiner Heimat, und er antwortet: »Der Menschensohn hat keine Stelle, wo er sein Haupt hinlegen kann.« (Matthäus 8,20) Ebenso sehen sich die frühen Christen und Christinnen als vaterlandslose Gesellen: »Unser Bürgerrecht ist im Himmel« (Philipper 3,20) und: »Wir haben hier keine bleibende Stadt, denn wir suchen die zukünftige.« (Hebräer 13.14) Mit diesen Sätzen in unserem geistlichen Gepäck können wir Heimatlieder kaum aus voller Brust singen. Man wird also nie ganz ein Hiesiger sein, weder in dem Land noch in den Kirchen, in denen wir leben. Das ist eine der Schönheiten des Christentums, dass es uns nicht erlaubt, gebannt zu sein in eine Gegenwart, in der die Lahmen noch nicht tanzen und in der die Tyrannen noch nicht von ihren Thronen gestürzt sind. Aber wir sind nicht nur Zukünftige und Jenseitige, und in reinen Transiträumen kann man nicht leben, lieben, bauen und atmen. Das Recht auf bergende und wärmende Höhlen wird uns niemand absprechen.

Ich frage also, mit welcher Wärme mich meine Heimathöhle Religion birgt. Übrigens könnte ich leicht aufzählen, wo sie mich im Regen stehen lässt, aber das ist nicht mein Thema. Wo also birgt mich meine Religion? (Ich wähle bewusst nicht das Wort Glaube, sondern das zweifelhaftere Wort Religion.) Ich erwähne zuerst die Sprache, die ich dort vorgefunden und gelernt habe; denn das Leben findet nicht hinter dem Rücken der Sprache statt. Ich habe vor kurzem ein Enkelkind getauft. Wir haben es nicht nur in die Liebe unserer kargen Herzen gebettet. Wir haben es in eine alte Sprache und Geste gebettet, die die Figur unserer Hoffnung für dieses Kind war. Unser Dank für diesen neuen Menschen blieb nicht im Herzen eingekerkert, er wurde zu einem großen Gesang. Frage mich keiner, ob diese Taufe »wesensnotwendig« für dieses Kind ist! Sie ist etwas viel Wichtigeres: Sie ist schön. Und was könnte uns in unseren armseligen Lebenshöhlen mehr bergen als die Schönheit, die wir wahrnehmen und besingen?

Es sind die großen Sprachen und Lieder, die ich in meiner Höhle finde, die Lieder der Trauer, der Schuld, der Vergebung, der Hoffnung, des Dankes, der Verzweiflung und des Trostes. Mir gehen die Religionskritiker – auch die aus dem eigenen Haus – unsäglich auf den Geist, die in den Höhlen der vorläufigen Bergung nichts anderes finden als Moder und Verfall. Sie haben ja so recht, und sie haben nichts als dies. Als meine Frau starb, habe ich ihr die Strophe »Wenn ich einmal soll scheiden« aus dem Lied »O Haupt voll Blut und Wunden« von Paul Gerhardt vorgesungen, wie sie es ihrer Mutter bei deren Sterben gesungen hat und wie es auch mir hoffentlich jemand singt. Was kümmerte es mich in jener Stunde, dass es auch eine Missbrauchsgeschichte jener Theologie gibt. Geblendet zu sein vom Missbrauch und Reichtum nicht wahrnehmen zu können, ist die große Kunst der Selbstentmutigung.

Die Geschichten meiner Heimathöhle singen keine betörenden Gesänge, wie es Heimatlieder oft tun. Sie haben ja einen Inhalt. Ich liebe sie wegen ihrer rotzigen Frechheit, mit der sie die Götzen und die falschen Wichtigkeiten verlachen. Ich nenne nur die hochironische Erzählung vom reichen Kornbauern, der glaubt, sein Leben sichern zu können, indem er sich Scheunen baut für seinen angehäuften Reichtum, und der vergessen hat, dass er sterblich ist. Ich glaube, unsere eigentliche Höhlenkrankheit ist, dass wir die Aufsässigkeit dieser Erzählungen nicht mehr wahrnehmen. Götzen zu verlachen ist aufsässig. Die Freiheit zu behaupten ist aufsässig. Die Erzählungen vom Sturz der Tyrannen sind aufsässig. Die Behauptung des Rechts für die Rechtlosen ist aufsässig. Es gibt nicht viele Höhlen, in denen solche Geschichten kursieren.

Dass diese Religionshöhle ein Fuchsbau der Heimat sein kann, erfährt man nicht durch kluges Nachdenken über sie, sondern durch Handeln. Denken allein kann nie überzeugen, wenn es vom Handeln getrennt ist. Man kann nicht lange ein reiner Bewunderer einer Sache sein, wenn die Bewunderung nicht auch Praxis wird. Die Schönheit eines Psalms werde ich nur erkennen, wenn ich zum Beter eines Psalms werde. Die Schönheit der Lieder von Paul Gerhardt werde ich nur erfahren, wenn ich sie singe. Die karge Schönheit eines Gottesdienstes sehe ich nur, wenn ich ihn besuche. Es leuchtet ein, was man tut, nicht nur, was man betrachtet. Der Glaube ist auch deswegen schwer geworden, weil er seine selbstverständliche religiöse Praxis verloren hat und weil er sich nicht mehr in Gewohnheiten ausdrückt; in der Gewohnheit des Betens; in der Gewohnheit, religiöse Zeiten zu respektieren; in der Gewohnheit, die Texte der eigenen Tradition zur Kenntnis zu nehmen; in der Gewohnheit des Gottesdienstes. In den Gewohnheiten – ich wage dieses umstrittene Wort – genieße ich nicht nur die Wärme meiner Höhle, ich erzeuge sie. Natürlich können Gewohnheiten blind machen und verdummen, besonders wenn sie diktiert und dann nur äußerlich vollzogen werden. Aber das ist nicht mehr unser Problem. Unser Problem ist das Verblassen von Religion, weil sie immer weniger Übung findet.

Gewohnheiten sind auch immer ein bisschen langweilig, das weiß jeder und das wissen vor allem wir, die wir jede Spannung der Langeweile vorziehen. Aber Gewohnheiten befreien uns von den subjektiven Zufälligkeiten unserer Stimmungen und Wünsche. Wann war die alltägliche Praxis von Religion je spannend? Wann waren Gottesdienste, das Beten, die Meditation und das Bibellesen je spannend? Religiöse Praxen sind immer Graubrot, meistens nicht einmal Schwarzbrot. Sie sind Arbeit. Arbeit ist ein schönes Wort. Es sagt, dass der Mensch als Subjekt beteiligt ist, und nicht nur Zuschauer und Genießer großer Er-

eignisse. »Große Ereignisse«, besonders spannende Gottesdienste können zwar faszinieren, aber sie bilden wenig,
wie es die in Treue bestandene Alltäglichkeit tut. Außerdem bedeutet Faszination oft die Kapitulation des Denkens
vor dem Spektakel.

Meine Religionshöhle ist mir auch heimatlich, weil ich
ihre Wärme mit anderen teile. Ich bin dort im Glaubensgasthaus meiner lebenden und toten Geschwister. Die Toten haben mir die Psalmen vorgewärmt, die ich höre und
bete. Die Geschwister, mit denen ich im Gottesdienst singe, stützen meine brüchige Stimme. Der Glaube ist schwer,
und ich kann seine Last nicht allein tragen. Ich muss es
auch nicht, denn ich lese diesen Geschwistern den Glauben von den Lippen. Ich muss in diesem Fuchsbau nicht
der Souverän meines eigenen Glaubens sein. Welche Ent-
lastung!

Ich nenne meinen Fuchsbau jetzt mit seinem anderen
Namen: Kirche! Nein, ich bin in dieser Kirche nicht ganz
zuhause. Es ist uns nicht versprochen, irgendwo ganz zuhause zu sein. Sie ist eine Art Rohbau jener Heimat, die wir
erwarten. Vielleicht sieht man im Rohbau mehr als im
schönen, fertigen und abgeschlossenen Haus. Man sieht im
Rohbau, was noch fehlt und was noch nicht da ist. Und so
verweist er mich auf das andere Haus – besser: auf die andere Stadt, in der alle Tränen abgewischt sind und »wo der
Tod nicht mehr sein wird, noch Leid noch Geschrei noch
Schmerz« (Offenbarung 21,4). Bis dahin sind alle Heimaten
mehr Unterstände als wohnliche Orte, aber wenigstens das
sind sie.

Respekt vor Gott

Eine Erzählung des Respekts und der Furcht vor Gott im 3. Kapitel des Buches Exodus: Mose, der das Volk Israel aus ägyptischer Knechtschaft führen soll, hütet in der Steppe die Schafe seines Schwiegervaters Jitro. Er sieht den Dornbusch in Flammen, der aber nicht verbrennt. Er will hingehen und die wunderbare Erscheinung erforschen. Die Stimme Gottes warnt ihn: »Tritt nicht herzu, zieh deine Schuhe von den Füßen; denn der Ort, darauf du stehst, ist heiliges Land.« Mose verhüllt sein Angesicht, »denn er fürchtete sich, Gott anzuschauen«. Es gibt ähnliche Geschichten im Alten Testament, die uns erzählen: Wer in die Nähe der Heiligkeit Gottes kommt, gerät in Todesgefahr.

Nun, das ist Altes Testament, sagen die Christen leichtfertig. Diese Geschichte wollen wir zwar nicht aus der Bibel streichen, aber sie ist nicht mehr maßgebend für uns. Denn die große Trennung zwischen Gott und Mensch ist aufgehoben; diese falsche Sakralität haben wir hinter uns, und wir können Gott sogar mit dem vertrauten Namen Väterchen – Abba – anreden. Was verlieren wir, wenn wir diese geheimnisvolle Dornbuschgeschichte aus unserem Erzählschatz streichen oder wenn sie nicht mehr maßgeblich ist für unsere religiöse Haltung? Was geschieht mit uns, wenn wir nichts mehr wissen wollen von dem »unzugänglichen Licht« (1 Timotheus 6,16), in dem Gott wohnt?

Ich überlege, wo ich den Verlust des Respekts oder gar des Schreckens vor Gott feststelle, den Verlust der Gottesfurcht, die doch »aller Weisheit Anfang« ist (Psalm 111,10). Ich schaue mir die neuen Lieder, Gebete, Segenstexte an und glaube gelegentlich, eine Art Verhaustierung Gottes festzustellen. Gott ist harmlos geworden. Es braucht niemand vor ihm zu zittern, die Schuhe auszuziehen und das Gesicht zu verhüllen. Er hat seinen Schrecken verloren. Unsere Lieder, Gebete, Theologien sind fast von einstimmiger Vertrautheit ihm gegenüber. Er ist der gute Vater, die nährende Mutter, der mitreisende Bruder; er versteht uns, er liebt uns, er vergibt uns, er atmet uns, er ist die pure Zärtlichkeit. Dies alles ist ja gut und richtig. Aber diese religiöse Welt ist mir zu geglättet. Das Ganze ist mir zu süß und zu widerspruchsfrei geworden; zu harmonistisch und zu geheimnislos. Manchmal habe ich nach all dem Positiven ein Gefühl wie nach der Weihnachtszeit, in der man zu viel Gebäck gegessen und wieder Lust auf saure Gurken hat. Ja, es ist gut, dass wir die alten falschen Ängste vor Gott verloren haben. Aber er ist in dieser ganzen Positivität auch ein bisschen onkelhaft geworden, gezähmt und absehbar. Vor ihm braucht man keine Schuhe mehr auszuziehen. Man verbrennt sich an ihm keine Füße und keine Hände mehr.

Wo sind eigentlich die alten, uns verstörenden Bilder und Geschichten geblieben, die über ihn erzählt wurden? Die Geschichten vom Gericht Gottes, von der Tragik der Schuld, von der verstörenden Unbegreiflichkeit Gottes, von der Nichtigkeit des Menschen? Ja, natürlich, wir reden von der Schuld des Menschen. Wir bekennen sie in jedem Gottesdienst. Aber wir bekennen sie sozusagen augenzwinkernd. Kaum haben wir die Wörter Schuld und Sünde genannt, so sind sie schon eingewickelt in die allseits verfügbare Vergebung. Als der Prophet Jona dem Volk von Ninive das Gericht Gottes ansagt, bekehrt es sich. Der König ruft die großen Bußtage aus und sagt: »Wer weiß? Vielleicht lässt Gott es sich gereuen und wendet sich ab von seinem grimmigen Zorn, dass wir nicht verderben.« Dieses zögernde »Wer weiß?« fehlt mir; die Langsamkeit, mit der der Gedanke und die Gewissheit wachsen, dass Gott größer ist als alle Vernichtungen, die wir uns und anderen antun. Der Harmonismus, den ich beklage, ist eine Form von Selbstinfantilisierung. Wir nehmen uns nicht ernst als Autoren dieser Welt und unserer Handlungen, wenn wir aus der theologischen Zaubertüte, kaum dass die Sünde genannt ist, die Vergebung zaubern. Wir nehmen uns nicht ernst mit den albernen und alles entschuldigenden Sätzen, dass der Mensch »immer schon« ein Sünder sei. Ein solcher Satz ist der beste Schutz vor aller Bekehrung und Veränderung des Lebens. Wir ersparen uns den Schmerz über ein verspieltes Leben, und damit ersparen wir uns, wirklich zu wissen, was Gnade und Vergebung ist.

Aber, so wende ich gegen mich ein: Kann die Alltäglichkeit des Glaubens, der Gebete, der Gottesdienste und der Predigten die Existenzialität, den Ernst und die Tiefe haben, die ihnen angemessen sind? Ich will, dass es keinen Gottesdienst gibt, ohne dass eine Gemeinde ihre Schuld bekennt. Ich will es, weil es zur Würde und zum Reichtum des Menschen gehört, sich selber nicht auszuweichen. Es hat noch nie einen religiösen Versuch, einen Gottesdienst gegeben, ob christlich oder nicht, der nicht anfinge mit einer Selbstreinigung; mit einem Akt der Distanzierung von sich selbst, wie es im Schuldbekenntnis geschieht. Aber kann der wirkliche Schmerz über vertanes Leben nach liturgischem Fahrplan abgerufen werden? Wahrscheinlich entkommen wir nie, jedenfalls die meisten nicht, einer unangemessenen Oberflächlichkeit bei dem, was wir täglich und regelmäßig versuchen. Menschen, die ihren Glauben gestalten wollen, brauchen den Humor Gottes und den eigenen Humor ihren religiösen Versuchen gegenüber.

Respektlos und trostlos finde ich, dass der Gedanke verblasst, dass Gott anders ist als wir selbst. Ich finde den Gedanken komisch, dass ich nur in mich selbst hinabsteigen muss, um Gott zu finden und zu fühlen; dass ich nur im Boden meiner eigenen Seele graben muss, um auf ihn zu stoßen; dass er nicht mehr ist als die Beziehungen, die wir zueinander haben. Könnte es sein, dass wir damit immer mehr Gott mit uns selbst identifizieren? Welcher Trost ist es, dass da eine Größe ist, die größer und unerforschlicher ist als meine eigene kleine Größe! Welcher Reichtum, dass das Herz der Welt reicher ist als wir alle zusammen! Wir haben lange unter der Annahme gelitten, dass Gottes Größe in seiner herrschaftlichen Überlegenheit besteht; eine Größe, die hauptsächlich dadurch entsteht, dass wir Menschen uns klein und erbärmlich machen. Es gibt eine andere Größe, die Größe der Liebe, die alles Begreifen übersteigt. Es gibt die Fremdheit der Liebe und der Güte, die sich jedem Verstehen entzieht und vor der man nur anbetend stehen oder knien kann. Im Lied von Gerhard Tersteegen heißt es:

Gott ist gegenwärtig. Lasset uns anbeten und in Ehrfurcht vor ihn treten. Gott ist in der Mitte. Alles in uns schweige und sich innigst vor ihm beuge.

Das ist keine herrschaftliche Größe, die uns den Mund verbietet und uns verstummen lässt. Es ist die Größe und Erhabenheit der Liebe. Darum wird dieses Anbetungslied in der 6. Strophe unmittelbar zu seinem Liebeslied.

Ich senk mich in dich hinunter. Ich in dir, du in mir, lass mich ganz verschwinden, dich nur sehn und finden.

»Alles in uns schweige«, singt Tersteegen. Das Schweigen ist die Weise, die Gottes Größe und sein Geheimnis am meisten respektiert. Aber Schweigen ist das, was unseren Gottesdiensten am meisten fehlt. Das Schweigen wird an allen möglichen Stellen aufgesucht, in der Meditation, in Schweigeseminaren, in Schweigekursen. Nur in den Gottesdiensten hat es wenig Platz. In Bölls »Dr. Murkes gesammeltes Schweigen« schneidet sich der Rundfunkredakteur Dr. Murke das seltene Schweigen aus den geschwätzigen Vorträgen von Bur-Malottke heraus und spielt es sich am Abend zu seiner geistigen Sanierung vor. Das Tonband mit den Schweigeschnipseln aus unseren Gottesdiensten wäre kurz. Sie sind zu Mitteilungsveranstaltungen geworden. Auch unsere Gebete sind oft wortgewaltige Mitteilungen an Gott. Ich wünsche mir wenigstens ab und zu Gottesdienste, in denen wir Gott nichts mitteilen und nichts von ihm wollen. Religionen sind oft große narzisstische Petitionsveranstaltungen. Es ist richtig, dass wir unsere Schreie des Glücks und der Schmerzen im Gottesdienst nicht verbergen. Aber wo hat die große Absichtslosigkeit einen Platz? Wo hat das reine Lob, der reine Gesang auf »aller Dinge Grund und Leben« (Tersteegen) seinen Platz? Wo wollen wir einmal nichts von Gott, außer ihn zu loben und zu ehren?

Nein, ich möchte nicht zurück zu dem Gott, den ich in meiner Kindheit gelernt habe; zu dem Buchhaltergott, der so sehr mit Wiegen, Notieren und Sortieren beschäftigt war. Wir haben in den letzten Jahrzehnten wohl etwas mehr von der Güte Gottes geschmeckt. Aber auch in dieser neuen Erkenntnis können wir uns nicht einrichten. Wir müssen weiter, vielleicht durch viele Gottesfinsternisse hindurch, bis wir in die Nähe jenes Geheimnisses kommen, das uns verbrennt und uns hütet.

Der Clown

Da steht er auf der Bühne, sichtbar für aller Augen, nicht gemacht für diese Welt in seinen Kinderkleidern und mit dem alten Gesicht. Die Tränen sind ihm aufgemalt, er weint nicht, aber die ganze Figur ist ein Weinen. Er hat seinen Wunsch, er hat sein eifriges Ziel. Er will der schönen Frau eine Rose schenken. Aber er stolpert über seine überlangen Schuhe. Er wirft Tisch und Stühle um. Er bemerkt die Welt nicht, in der er sein Ziel verfolgt; nicht den Stuhl, der ihm im Weg ist und über den er stolpert; nicht die Katze, die ihn zu Fall bringt; nicht die Lampe, an der er sich den Kopf stößt. Alles wird ihm zum tückischen Objekt. Er bewältigt die Tücke nicht, er umgeht sie, er sucht andere Wege, er rächt sich nicht an den Dingen, die ihm den Weg versperren. Er ist das Opfer, das zur Gewalt nicht fähig ist. Er ist der Sanfte, den alles trifft. Er steht wieder auf, er lässt nicht ab von seinem Ziel. Er ist unfähig aufzugeben; er scheitert und kann nicht scheitern, weil er die Hand der Schönen sieht, in die er die Blume legen will. Er achtet nicht auf seine Schmerzen, wenn er sich stößt. Das Scheitern zählt nicht, es zählt sein Ziel, es zählt der Blick jener Frau. Man denkt an den anderen Narren, von dem Jesus im Matthäusevangelium spricht. Er hat einen Schatz im Acker gefunden, setzt dafür alles aufs Spiel, verkauft, was er hat, unterlässt keine Mühe und gibt alle Sicherungen auf für das eine, für den Schatz, den er dort glaubt.

Die Menschen lachen über ihn, sie lächeln nicht, sie lachen. Man lächelt, wenn man die Welt stimmig erfährt. Lächeln heißt übereinstimmen und danken. Man lacht, wenn man die Unstimmigkeit der Welt wahrnimmt. Wir lachen, wenn Charlie Chaplin verzweifelt mitkommen will mit dem Tempo der Maschinen. Wir lachen, wenn der Clown mit seinen zu großen Schuhen laufen will. Es stimmt etwas nicht, darum lachen wir. Die Wirkung eines jeden Witzes beruht darauf, dass zwei nicht übereinstimmende Dinge zusammengebracht werden. Der Clown ist ein schlechter Witz: Seine großen Latschen und die Schönheit der Frau, die er zu erreichen sucht; seine Unbeholfenheit und die Grazie der Frau; seine vergeblichen Versuche und ihre gelassene Souveränität; seine zarte Liebe und ihre Kälte. Nein, es passt nichts zusammen. Das Lachen ist gewürzt mit Bitterkeit, es trägt die verborgene Farbe der Trauer. Was sich da abspielt, das ist das Leben.

Wieso soll dieses Lachen gesund sein? Groucho von den Marx-Brothers behauptet: »Lachen ist wie Aspirin, es wirkt nur doppelt so schnell.« Vielleicht lachen wir nicht nur über den Clown, wenn wir sehen, wie er von den Tücken des Lebens eingeholt wird. Vielleicht lachen wir insgeheim über uns selbst. Vielleicht ist darum das Lachen über ihn nicht boshaft, und vielleicht hilft es uns darum, gesund zu werden. Das Lachen ist eine weinende Weisheit: Das sind wir, die da stolpern; die nicht gut ausgerüstet sind für das Leben und die den Traum nicht aufgeben, die Rose in die Hand der Geliebten zu legen. Das Lachen über den Clown ist nicht ein boshaftes Auslachen der Zuschauer, die blicklos sind für den Schmerz jenes Menschen. Es ist unsere eigene produktive Resignation vor dem Fragment Leben, vor seinen Schmerzen, seiner Unmöglichkeit und seiner Schönheit. Ja, die Frau, der er die Rose in die Hand geben will, ist da, sie ist kein Phantom, sie ist kein Irrlicht, das wegtanzt, wenn man sich ihm nähert. Die Schöne ist da. Und da ist die andere Schönheit, seine eigene: dass er fähig ist, die Schönheit zu erkennen und zu lieben und dass er es nicht aufgibt, sie zu suchen und zu erreichen. Das Leben ist schön, sagt der Clown – unter Tränen. Amen!, sagen wir dazu, wenn wir über ihn und uns selber lachen.

Freundschaft mit einem alten Pullover

Zwischen meiner Frau und mir gibt es ein kritisches Dauerthema, es ist mein alter Pullover. Er wärmt mich schon viele Jahre, er ist abgetragen, verwaschen und hat Löcher. Seine Farbe war einmal ein tiefes Braun, jetzt ist er schmutzig-grau. Ich liebe ihn. Meine Frau liebt ihn nicht, darum will sie ihn herzlos zum Abfall geben. Er ist ein Werkzeug, das mich wärmt, aber er ist mehr. Ich bin im Laufe der Jahre, die er bei mir ist, in ihn hineingewachsen. Er ist mir lieb geworden. Ein Teil meines Lebens ist in ihn hineinverwoben.

Mit ihm bin ich nicht allein befreundet. Ich könnte eine Reihe von Gegenstände nennen, die jahrelang bei mir sind und die mir viel mehr bedeuten als ihr materieller oder funktionaler Wert: Ein alter Becher, in dem ich meine Stifte aufbewahre, ein Freund hat ihn mir vor 50 Jahren geschenkt; ein alter Hosengürtel, der nicht mehr zu vielem nütze ist und bei mir sein Gnadenbrot bekommt; eine Schere, die schlecht schneidet, die ich aber nicht austauschen will.

Der alte Pullover, der Becher und der Gürtel sind Dinge, die von mir selbst besetzt sind im Laufe der Zeit. »Besetzen« ist ein psychologischer Begriff. Er bedeutet, dass ein Teil meiner Lebensenergie an ihnen haftet. Sie sind mir heimatlich geworden und sie helfen, mir die Welt plausibel zu machen, einfach dadurch, dass sie lange bei mir waren. Heimat besteht nicht nur aus Menschen, mit denen ich umgehe; aus einer Landschaft, die ich kenne und liebe. Sie besteht auch aus Dingen, die Bedeutung für mich haben, weil ich ihnen Bedeutung verliehen habe. Ich zitiere einen Gedanken von Ernst Bloch: In der Heimat ist man nicht nur mit Menschen identisch, auch die Objekte, mit denen man lange umgeht, bleiben einem nicht fremd. Die Dinge rücken uns nahe, fast so nahe wie Subjekte, und die Dinge, die man sich nahe geholt hat, die man ehrt, gehören zur Heimat. Die Objekte können uns so nahe rücken, dass wir darin zuhause sind, jedenfalls ein Stück.

Wo wir die Dinge nicht mehr ehren, mit denen wir umgehen, da entheimaten wir uns selbst. Unsere Überflussgesellschaft ist eine Wegwerfgesellschaft. Wir kaufen und stellen nicht mehr her. Wir kaufen neu, und wir reparieren nicht mehr. Natürlich gewinnen wir damit eine neue Freiheit. Wir müssen nicht mehr an langen Abenden Strümpfe oder Pullover stopfen, Kleider reparieren, Ackergeräte ausbessern, Besen neu binden. Wir haben in der neuen Freiheit Zeit für anderes. Ich frage mich aber, ob diese Freiheit nicht erkauft wird mit der neuen Fremdheit in der Welt, in der wir leben. Die Welt wird käuflich, käufliche Welten aber sind keine heimatlichen Welten. Die gekauften Welten tragen die Handschrift unserer Arbeit nicht mehr. Ich möchte nicht zurück in die Knechtschaft der alten harten Welt. Wohl aber möchte ich eine plausible Welt, in der ich die Dinge kenne, weil ich lange mit ihnen umgegangen bin; die Kleider, die Instrumente des täglichen Lebens. Dies ist eigentlich ein Plädoyer für eine neue Askese. Damit meine ich nicht die alte sinnenfeindliche Askese, die misstrauisch gegen das Glück ist. Ich meine eine Ehrfurcht den Dingen gegenüber, die ihnen erlaubt, mich in ihnen zu beheimaten, und die das Leben wärmer und sinnlicher macht. Ich kenne die Dinge nur, wenn ich lange mit ihnen umgegangen bin. Auch Dinge brauchen Zeit, wenn ich mich mit ihnen befreunden will. In seiner Regel verlangt Benedikt vom Cellerar, vom Verwalter des Klostergutes: »Alle Geräte und alle Güter des Klosters betrachte er wie heilige Altargefäße. Nichts halte er für gleichgültig.« Was man nicht für gleichgültig hält, das ist nicht jederzeit austauschbar, sobald etwas Neues, Bunteres in Mode kommt. Zur Freiheit gehört, dem Markt der Möglichkeiten nicht zu verfallen. Nicht nur Menschen sind unersetzlich, eine Spur von Unersetzlichkeit haben auch die Dinge verdient. Nun gut, man muss es nicht so weit treiben wie ich mit meinem Pullover. Aber unsere Freundschaft haben auch die Dinge verdient, die uns lange begleiten. Ein bisschen Seele haben auch sie.

Sprachbrüche

Ich rede über die Kunst und das Schicksal, fremd in einer
Sprache zu sein. Es sind autobiographische Notizen. Ich
bin 1933 in einem kleinen katholischen Ort an der Saar nahe der französischen Grenze geboren. Man kannte nur sich
selbst, es gab keine Ausländer, nicht einmal störende Protestanten. Man war einstimmig. Die Leute sprachen einen
warmen, bildreichen und etwas derben Dialekt. Niemand
sprach Hochdeutsch. Die Sätze waren kurz. Es gab kaum
Abstraktionen in der Sprache. Man hatte mit den Konkre-
tionen genug zu tun. Ich erinnere mich daran, dass eine
Familie, die etwas feiner sein wollte, Hochdeutsch ver-
suchte, und der älteste Sohn fing an zu stottern. Man war
ganz bei sich in diesem engen Leben und in dieser Sprache, und darum war man – es klingt widersprüchlich –
fremd in jener Welt. Wer nur sich selbst kennt, weiß nicht,
wer er ist. Entdecken kann man sich erst in den Widersprüchen und am Fremden. Das also war meine erste
Sprachfremdheit, an der ich nicht litt, weil ich nichts von
ihr wusste.

Dann aber lernte ich, an der Sprache zu leiden. Durch
besondere Umstände kam ich in ein Internat ins »Reich«,
also ins Restdeutschland, das nicht zur Saar gehört. Ich
musste Hochdeutsch sprechen. Ich musste lernen, Argumente zu gebrauchen; Hypotaxen und Abstraktionen zu
üben. In dieser Sprache hatte ich lange keine Heimat. Zur
Heimat gehört ja, in einer Sprache beheimatet zu sein. Ich
war sprachverschüchtert und verfiel in ein quälendes Verstummen. Ich gehörte nicht dazu, weil ich die diktierte
Sprache, die Standardsprache nicht kannte. Meine Her-
kunftssprache galt nichts, sie war missachtet, wie Dialekte
dort verspottet werden, wo man sie nicht kennt. Sprache
und Herrschaft haben miteinander zu tun. Ich habe erst
spät gelernt, welche Verstümmelungen auch oder gerade

die herrschende Sprache hat. Die akademische Sprache, die wohl als die gescheiteste gilt, hat ihre eigene Hässlichkeit. Und manchmal habe ich die Universitäten, die theologischen Fakultäten nicht ausgenommen, Sprachverstümmlungsanstalten genannt. Wer die Sprache diktiert, kann andere beherrschen. Aber die herrschenden Sprachen sind keineswegs die besten. Sprache ist nicht nur ein Instrument der Verständigung. Sprache ist Existenz, und wo sie nicht geachtet wird, wird die eigene Existenz missachtet. Mehr noch: Man ist in der Gefahr, sich selbst zu missachten, weil man den diktierten Standards nicht entspricht. Die Sprache ist das Haus des Seins, und wenn man sie nicht beherrscht, hat man in ihr kein »Geheichnis«, wie die Saarländer sagen, sie birgt und wärmt nicht.

Ich nenne eine andere Station meines Sprachschicksals. Ich war ein Jahr Gastprofessor in New York und musste mit meinem kümmerlichen Englisch Vorlesungen und Seminare halten. Ich habe die komischsten Fehler gemacht. Einmal wollte ich einer Kollegin sagen, dass sie einen gescheiten Vortrag gehalten habe, und sagte: »Bev, you are very pregnant!« Sie war dazu noch groß und schwer und antwortete: »Yes, it looks like!« Wären meine Vorlesungen auf Latein gewesen, hätte ich es wohl leichter gehabt. Ich hatte in diesem Jahr einen großen Durst nach der deutschen Sprache. Ich erinnere mich, dass jeweils in der Nacht zum Dienstag der »Spiegel« in New York erhältlich war. Ich wartete die späte Stunde ab, um in einer nahe gelegenen Buchhandlung dieses Blatt zu kaufen, das ich normalerweise in Deutschland nicht lese. Ich lernte, in der Fremde und an der fremden Sprache meine eigene Sprache zu schätzen und in ihrer Schönheit zu entdecken. Bei meinen Veranstaltungen geriet ich manchmal in eine Art sprachliches Niemandsland. Ich wollte einen Gedanken formulieren, fand das englische Wort nicht und verlor darüber das deutsche. Im Gegensatz zu meiner ersten Sprachentheimatung habe ich in New York nicht gelitten. Ich hatte ja etwas gewonnen: die Schönheit meiner deutschen Sprache und die Schönheit meiner langsam geläufig und lieb gewonnenen neuen Sprache. Das Sprachspielen machte mir Spaß. Aber noch wichtiger: Niemand hat seine Sprache gegen meine ausgespielt. Und noch wichtiger: Ich war willkommen und geachtet in jener Welt. Ich war zwar eine »Minority«, aber eine erwartete. Nicht einmal meine Fehler in der fremden Sprache haben daran etwas geändert. Ich brauchte keine Angst zu haben, und so verstummte ich nicht, sondern spielte. Ich habe meine alte Sprachheimat nicht verloren, sondern eine neue dazugewonnen.

Wie aber können Menschen ihre eigene Sprache schätzen und eine neue dazulernen, wo sie nicht willkommen sind? Wie können Menschen sich und ihre Sprache schätzen, wo die Standardsprache zugleich das Gericht über das Eigene ist?

Und – dies zu den Fremden und zu den Einheimischen gesagt: Wie kann man das Eigene auf Dauer schätzen, wenn man sich nicht dem Fremden ausliefert?

Gelähmte Zunge

Jeden Morgen betet er sein Pensum, ein paar Psalmen, die Verse eines Liedes, das Vaterunser. Er selbst wagt es kaum noch beten zu nennen, was er da tut. Es ist nicht nur das Gefühl, nicht gehört zu werden. Es scheint niemand mehr da zu sein, der hören könnte. Beten aus der Leere des eigenen Herzens; beten in die leere Welt, zu einem echolosen Himmel. Am Nachmittag kriecht er in eine Kirche; am liebsten in eine kleine. Er sitzt da ohne Erwartung. Ein Gefühl, Gast zu sein in einem Haus, dessen Hausherr verreist oder schon lange tot ist. Es ist kein kaltes Haus, denn die schmerzliche Erinnerung an den Hausherrn bewahrt den alten Glanz und die alte Wärme. Nein, warm ist es nicht mehr. Er sitzt in seiner Kirche wie in einem Bahnhofsrestaurant, in dem man nicht mehr bedient wird. Er gibt mit den alten Worten seine Bestellung auf. Aber keiner hört sie. Das Gefühl, es gibt keinen, der sie hören könnte. Er treibt sich in verwaisten Häusern herum, unfähig, sie zu verlassen, unfähig, sie zu bewohnen. Warten ohne Erwartungen. Das Warten wäre weniger schmerzhaft, wenn man in alten Tagen nicht so viel erwartet hätte. Wäre das Schweigen nicht redlicher?

Einspruch: Ist das pure Warten nicht schon eine Erwartung? Ist das ungläubige Gebet nicht schon eine Form des Glaubens? Ist nicht die gelähmte Zunge, die die alten vertrauten Worte stammelt, klüger als das stumme Herz? Die Zunge leistet dem verstummten Herzen Widerstand. Wenigstens die Zunge kann sich nicht abfinden mit dem Verstummen. Das Herz wehrt sich nicht gegen die Zunge, das ist seine letzte Klugheit. Es gibt nicht alle Hoffnung auf, indem es die Zunge lässt. Der Glaube erreicht das Herz nicht mehr, aber noch die Zunge. Gottseidank, es gelingen wenigstens die Lippengebete!

Einspruch: Aber sie füllen das Herz nicht. Das Herz trottet ihnen trostlos nach. Es leidet nicht einmal besonders an der schrecklichen Kargheit. Es ist eben nur trostlos. Die Kälte des Herzens erschreckt, aber es ist kein schreckliches Leiden. Ist das nicht das deutlichste Zeichen des Verlustes?

Einspruch: Es gibt einen Narzissmus, der sich verhakt in den eigenen Unglauben. Ist der Unglaube so viel wert, dass man ihm so viel Zeit und Aufmerksamkeit gönnt? Es gibt eine Demut, die sich nicht um die eigene Kümmerlichkeit kümmert. Es gibt wichtigere Dinge als deinen Unglauben. Entspricht dieser narzisstische Glaubenszweifel nicht allen Narzissmen, die wir im Augenblick in der Gesellschaft finden? Kaum eine Beziehung, in der die Partner sich nicht selbst über die Schulter sehen und sich fragen, ob ihre Liebe wirklich Liebe ist. So viele Frauen, die sich fragen, ob sie auch schön genug sind für die eigenen Augen und vor den Augen der Männer. Kaum ein Mann, der sich nicht fragt, ob er auch potent genug ist in seiner Beziehung. Hat das zu tun mit der Verleugnung der Tatsache, dass wir sterbliche, also endliche Wesen sind? Wir sind auch in unserem Glauben nicht gefeit gegen Niederlagen. Wir schauen uns auch bei unserem Glauben zu und fragen, ob wir auch wirklich glauben. Wir schauen uns bei unseren Gebeten zu und fragen, ob sie »würdig und recht sind«. Wir kontrollieren uns und wir kontrollieren Gott, ob er auch zuhört. In den wichtigsten Akten des Lebens darf man sich nicht selbst zuschauen, ohne sie zu stören oder sie gar zu zerstören.

Er kann nicht Agnostiker sein, d. h. er kann nicht in schmerzensfreiem und leidenschaftslosem Abwägen die Frage nach Gott offen lassen. Entweder den Sprung in den Glauben oder den zornigen Unglauben! Leidenschaftslosigkeit verträgt sich weder mit dem Glauben noch dem Atheismus. Er hat zu lange gehofft, als dass er gleichmütig die Hoffnung fahren lassen könnte. Entweder wie Hiob: »Der Name des Herrn sei gelobt« oder wie seine Frau: »Schwöre Gott ab und stirb!«

Er flieht oft in eine kleine Kirche, nicht in die Gottesdienste, sondern über Tag, wenn sie fast leer ist. Ganz leer ist sie nie. Da ist die dicke Frau mit dem dummen Gesicht; die Alte, die nicht aufhört, sich zu bekreuzigen; der Alte am Stock, den unter Ächzen eine Kniebeuge andeutet. Er schlüpft heimlich in ihre Gebete. Er betet nicht mit eigenem Mund und aus eigenem Herzen, sondern mit dem Glauben der Dicken und des Krummen. Er saugt ihnen den Glauben aus den Adern. Er zahlt mit gestohlener Münze.

Merkwürdiger Widerspruch: Er verachtet die Theologen, die nichts mehr zu sagen wissen als ein bisschen Lebenskunst, ein bisschen Psychologie, ein bisschen Lebensweisheit. Er wird zornig, wenn die Theologin an Weihnachten nur noch von der Geburtlichkeit allen Lebens spricht und wenn sie Ostern die Auferstehung Christi verschweigt. Er gießt seinen bissigen Spott aus gegen die theologischen Flüchtlinge, die nur kleine Münzen verteilen. Er verlangt von anderen die Treue, die er selbst schon gebrochen hat. Ist das die letzte Hoffnung oder ist es die Unfähigkeit, die Hoffnung aufzugeben? Warum schweigt er nicht selbst? Jedenfalls: solange er redet, will er nicht ermäßigt reden. Das Schweigen hat sein Recht, die ermäßigte Rede nicht!

Bete, und du wirst erfahren, dass du beten kannst! Bete, und du wirst erfahren, dass du nicht beten kannst! Bete, und achte nicht auf deine Erfahrung, weder auf die eine noch auf die andere!

Wo seine Kraft zum Beten gering ist, kann er die alten Gebete an sich geschehen lassen; das Vaterunser an sich geschehen lassen, die Psalmen und die Lieder von Paul Gerhardt an sich geschehen lassen. Er verzichtet in Demut darauf, Subjekt seiner eigenen Gebete zu sein. Das Vaterunser betet ihn mehr, als dass er es betet. Die Psalmen sind wie eine Salbung seines kranken Herzens. Er lässt die Salbung an sich geschehen und wehrt sich nicht. Sich nicht wehren gegen die alten Gebete als eine Form des Betens.

Man ist nicht Herr seiner selbst, auch nicht Herr seines eigenen Glaubens. In den Verzicht auf Souveränität einstimmen als eine Form der Souveränität. Es reicht nicht mehr dazu, sich und seinen Glauben zu gewinnen. Aber er kann sich vor dem Vaterunser ergeben; nicht auf sich selbst und der eigenen mageren Zweifelsredlichkeit bestehen. Sich ergeben. Wer sagt, dass es kein Glaube sei? Sich ergeben verlangt mehr Mut, als sich gewinnen.

Mein Gott, des Tages rufe ich, doch du antwortest nicht
Eine Meditation zu Psalm 22

Man kann Gott nicht rechtfertigen auf Kosten des Menschen. Darum werden wir ihn fragen: Warum antwortest du nicht? Eine Antwort hat jeder verdient: der Kranke mit seinem Schrei in der Nacht; die am hellen Tag Vergewaltigte mit ihrem verzweifelten Hilferuf; der von seiner Schuld Gequälte, dem die Nächte lang werden; die Verlassene, die Tag und Nacht von den Bestien der Einsamkeit umlauert ist. Eine Antwort hat jeder verdient. Weil der Mensch ein Mensch ist, geben ihm seine Schreie das Recht, gehört zu werden. Wer will denn gleich von Erhörung sprechen! Aber, mein Gott, hören könnte doch einer! Oder ist das schon zu viel verlangt?

Wer gibt ihm das Recht auf seine Stummheit? Wieso nimmt er sich dieses Recht? Er soll sich nicht wundern, wenn die Schreie leiser werden; wenn die Getretenen den Mund nicht mehr aufbringen für die Hoffnung eines Schreies, weder am Tag noch in den grausamen Nächten. Er soll sich nicht wundern, wenn sie es machen wie er: Sich ins Verstummen flüchten! Ich habe keine Achtung vor einem, der sich die Ohren verstopft, dass kein Hilferuf sein Herz erreicht. Ich bewundere aber sie, die ihre echolosen Rufe nicht aufgeben und von ihren gellenden Schreien nicht lassen, nicht des Tags und nicht in der Nacht; die sich ihre Hoffnung nicht begraben lassen unter den Felsen seines Schweigens. Mein Gott, welche Würde dieser Gottverlassenen, die nicht klein beigeben, auch wenn ihre Stimme nur noch ein Hauch ist. Vielleicht glauben sie schon nicht mehr in ihrem Herzen, dass es eine Antwort gibt. Aber sie glauben noch mit ihrer Stimme und mit ihren heiseren Schreien. Rechtfertige ihre Hoffnung, Gott! Wenn du nicht hörst, wird es beim großen Gericht eine Anhörung geben, und es wird dir schwer fallen, dich zu rechtfertigen. Der

Gefolterte wird dir seine Striemen zeigen, die Vergewaltigte ihren geschändeten Schoß. Sie werden dir sagen: Was du einem dieser Geringen nicht getan hast, das hast du ihm nicht getan.

Ein anderer Schrei aus der Nacht der Folter: Mein Gott, mein Gott, warum hast du mich verlassen? Ein anderer Bettler, der nicht erhört wurde. Ein anderer, dessen Leben ausgeschüttet wird wie Wasser und dessen Herz vom Schmerz zerschmolzen wird. Ein anderer, der mehr Wurm war als Mensch. Ein anderer umzingelt von den Stieren der Gewalt. Mein Gott, warum hast du ihn verlassen in jener Stunde, die schwarz wurde von seiner Todesangst? Seine Erhabenheit ist dahin. Er ist zum Spott der Leute geworden.

Die unglaublichste und die unentbehrlichste aller Nachrichten: Du habest dich in seinem Schmerz versteckt; du habest mit ihm gezittert vor den brüllenden Stieren; deine Knochen seien zermalmt worden wie seine. Man sagt, du seiest dabei gewesen, nicht als Zuschauer, nicht als Schläger, sondern als Geschlagener. Du habest das Machtspielchen aufgegeben; du seiest niedrig und gering geworden. Die unglaublichste und die unentbehrlichste aller Nachrichten! Einem, der dabei ist, kann man nichts mehr vorwerfen. Des gottverlassenen Gottes braucht man sich nicht zu schämen. Er ist der einzige aus der großen Götterschar, den man achten und ehren kann.

Dissolve! Die Bilder verschwimmen, sie fließen ineinander wie im Traum und wie im Film. Das Bild der geschändeten Frau, es wird zum Bild Christi. Das Bild Christi, es wird zum Bild jenes Kranken in seinen Nächten ohne Ruhe. Das Bild des Mannes, von seiner Schuld erdrückt – das Bild Christi. Die unglaublichste und die unentbehrlichste aller Nachrichten, nicht frei von Widersprüchen, nicht belegt und darum nicht zitierbar. Aber die Hoffnung hält am schwer zu behauptenden Zitat fest: Christus in der Nacht seiner Folter – er ist das Zitat Gottes. Die Vergewaltigte, der

Todkranke und die Einsamen – sie sind das Zitat Christi. Dissolve! Die Gesichter verschwimmen.

Wenn es wahr ist, dass er dabei ist; dass er Emmanuel ist, dann muss man ihn loben; dann muss man sagen, wie es jener alte Rufer gesagt hat: Du bist heilig. Du thronst über den Lobgesängen Israels. Wenn es wahr ist, dann muss man seinen Namen kundtun allen Geschwistern. Wenn es wahr ist, dann gibt es mehr als die eine Stimme, die klagt und um Gehör bettelt; dann finden wir die Stimme, die ihn rühmt und ihn anbetet. Wenn es wahr ist, dann wird die Hoffnung noch dreister. Sie behauptet: »Vor ihm werden die Knie beugen, die in der Erde schlafen; die zum Staub hinabfuhren und ihr Leben nicht konnten erhalten.« Wir wetten darauf: Es ist wahr, und die Schreie werden zu Hymnen.

Ende der Sintfluten?
1 Mose 8,1-12

Die Geschichte von der fallenden Flut; von der Taube, die
Noah losschickt, um zu erkunden, ob man auf der nassen
Erde schon leben kann, klingt schön. Kinder malen sie gerne im Religionsunterricht. Aber es ist eine harte, eine bittere Geschichte. Sie erzählt vom ersten Schiffbruch Gottes
mit seiner Menschheit. Es ist der zweite Schöpfungsver-
such Gottes unter realistischen Bedingungen. Der erste
Schöpfungsbericht beschreibt das Paradies. Noch ist keine
Feindschaft zwischen den Menschen und den Tieren. Noch
schlachten die Menschen keine Tiere, sondern Pflanzen
und Früchte sind ihnen zur Nahrung gegeben. Noch ist die
Erde nicht voller Dornen und Disteln, und noch müssen
die Frauen nicht unter Schmerzen gebären. Noch konnte
Gott sein wohlgefälliges »sehr gut« über seine Schöpfung
sprechen. Dann aber folgt Katastrophe auf Katastrophe:
die ersten Lügen, der erste Mord und bald das vernichten-
de Urteil Gottes: Alles Dichten und Trachten der Menschen
ist böse. Er bereut, die Erde und die Menschen geschaffen
zu haben, und schickt die Große Flut und vernichtet in
großer Sippenhaft alles mit Mann und Maus. Fast alles: Noah und seine Familie sowie je ein Paar der Tiere werden
gerettet.

Dann ein zweiter Versuch Gottes, eine zweite Schöpfung. Gott geht nicht mehr von der Güte seiner Geschöp-
fe und von der Harmonie der Welt aus. Er will die Erde
nicht mehr verfluchen, und die große Flut soll nicht mehr
kommen, denn er weiß, »dass das Dichten und Trachten
des menschlichen Herzens böse ist von Jugend auf« (8,21).
Er sagt nicht mehr: Alles ist sehr gut. Er kennt seine Pap-
penheimer inzwischen, und er geht nicht mehr von der
Harmonie allen Lebens aus. »Furcht und Schrecken vor
euch sei über allen Tieren auf Erden.« (9,2) Anders als im

Paradies ist den Menschen nun gestattet, Tierfleisch zu essen. »Alles, was sich regt und lebt, das sei eure Speise.« (9,3) Das ist die Konzession Gottes, von der die Menschen reichlich Gebrauch machen. Gott weiß, dass er bei der Bosheit der menschlichen Herzen wieder versucht sein könnte, die ganze Bande zu ersäufen. Aber er hat sich verpflichtet: »Solange die Erde steht, soll nicht aufhören Saat und Ernte, Frost und Hitze, Tag und Nacht.« (8,22) Gott hat den Menschen und sich selbst eine Erinnerungsstütze gegeben, den großen Bogen: »Meinen Bogen habe ich in die Wolken gesetzt, der soll das Zeichen sein des Bundes zwischen mir und der Erde.« (9,13) Die Geschichte nach der Sintflut setzt sich fort: Mord und Totschlag wie vorher; Lüge und Abfall wie vorher. Es gibt kein ungekränktes Leben mehr. Die Schönheit des Lebens wächst im Moder des Verrats.

Aber was ist mit dem Anteil Gottes am großen Bund? 280 000 Menschen vom Meer verschlungen auf Sumatra, 10 300 in Japan, 212 000 erschlagen beim Erdbeben von Haiti! Vergisst er den Bogen? Es gibt ausreichend Gründe dafür, an der Güte des Lebens zu zweifeln. Wenn wir Christen von Hoffnung sprechen, darf man uns nicht vorwerfen können, wir seien Leute, die nicht so genau hinschauen; Naivlinge, die nur noch nicht gemerkt haben, was alles gegen den Regenbogen spricht. Hoffnung lernen, heißt auch Illusionen verlernen, auch die Illusionen über Gott. Ich lerne an der Regenbogengeschichte kaum, wer Gott ist. Aber ich lerne an ihr und an den großen Untergängen die alte Frage der Psalmen: Wo bleibst du, Gott? Wann kommst du? Denn diese Frage geben wir nicht auf trotz aller Untergänge. Und damit geben wir den letzten Grund des Glaubens nicht auf: Gott kommt. Er wird das Leben nicht in der Vernichtung lassen. An Gott glauben, heißt auch, an Gott leiden; leiden an seiner Dunkelheit und an seiner Unverstehbarkeit. Gott zu vermissen, gehört zu unserem erwachsenen Gottesglauben.

Der Geist widerspricht der Lage
Hesekiel 37,1-14

Propheten und Prophetinnen sind Figuren, die im Namen Gottes den überzeugenden Selbstverständlichkeiten widersprechen. Den ersten Widerspruch gegen die Lage erhebt Hesekiel, als das Volk Israel noch in seinem Land ist, den Götzen der Gewalt und der Macht dient und es nicht erkennt, dass das Gericht Gottes schon über es beschlossen ist. Das Unrecht, lange und von vielen geübt, wird zur unbefragten Selbstverständlichkeit. Die Aufgabe des Propheten ist, zu drohen und die Binde von den verblendeten Augen zu reißen. In jener Zeit gibt es andere Weissager, Lügenpropheten werden sie genannt. Sie haben keinen Widerspruch, und sie erzählen, dass alles schon seine Richtigkeit habe und nichts zu beanstanden sei. Sie übertünchen die Wände der Häuser des Unrechts mit dem Kalk ihrer Zustimmung. Sie sagen »Friede«, wo doch kein Friede ist (13,10). Mit dem Mund Hesekiels widerspricht der Geist Gottes dem falschen und gefährlichen Frieden, und er sagt an: »Die übertünchten Wände des Lügenhauses werden einfallen.« (13,12) Den Lügenpropheten ist leichter zu glauben. Sie verlangen keine Veränderung und Bekehrung, und sie dienen den Interessen der Macht. Sie sagen kein Unglück an und bestätigen die Selbstverständlichkeit des Abfalls von Gott. Vielleicht sollten ein Volk, ein Land, eine Kirche und wir selbst aufmerksamer sein auf die Unglückspropheten als auf die, die behaupten, es habe schon alles seine Richtigkeit; besser auf die Störer als auf die Beruhiger.

Es kommt, wie es kommen muss: Das Unglück reißt die Binde von den Augen des geblendeten Volkes. Sie verlieren ihr Land und geraten in die Gefangenschaft ihrer eigenen Untaten. Sie leben in Babylon, fern von den Gräbern ihrer Toten und vom Tempel; ohne Aussicht auf Rettung und ohne Trost. Ihre Hoffnung ist tot; tot wie das Feld von Totenschädeln, den der Geist Gottes Hesekiel sehen lässt: »Es lagen sehr viele Gebeine über dem Feld hin, und siehe, sie waren ganz verdorrt.« (37,2) Es gibt nichts mehr zu erwarten. Die Hoffnungslosigkeit ist zur Natur und zur Selbstverständlichkeit geworden, wie es das Unrecht und der Götzendienst waren, als sie noch in den Gebäuden ihrer falschen Sicherheiten wohnten. Was ist zu erwarten von Totenschädeln? Ihre Lippen loben Gott nicht mehr und sie küssen nicht mehr. Das ist die neue Selbstverständlichkeit.

Ein Prophet ist ein Mensch, der im Namen Gottes den überzeugenden Selbstverständlichkeiten widerspricht. Im Namen Gottes, denn mit eigenem Mund kann man nur sagen, dass die Toten tot sind! Nun also der Widerspruch Hesekiels gegen den Tod der Toten: »Ich will eure Gräber auftun und hole euch, mein Volk, aus euren Gräbern herauf und bringe euch in das Land Israels.« (37,12) Gott erhebt mit der Stimme des Propheten seine Einwände gegen den Tod der Verlorenen, wie er sie vorher gegen die Lage des Unrechts erhoben hat. Vielleicht ist dem Hoffnungsversprechen so schwer zu glauben, wie das Volk vorher der Untergangsdrohung nicht geglaubt hat. Darum die pädagogisch-dramatische Vision davon, wie sich Sehnen über die Knochen ziehen; wie Fleisch darüber wächst und wie der Hauch Gottes in ihren geistlosen Leib fährt. Vielleicht hat Gott ebenso viele Mühe, uns aus der Süße der Hoffnungslosigkeit zu zerren, wie uns zu bekehren. Den Toten kann kein Tod mehr genommen werden. Das ist der schwächliche Trost der Verlorenen. Aber Gott ist ein Gott des Widerspruchs, und darum findet er sich nicht ab mit der Verlorenheit der Verlorenen.

Hesekiel – eine Ostergeschichte: Einen anderen Getöteten, Erschlagenen, auf das Feld der Toten Gezerrten hat der Atem Gottes angehaucht. Auch seinem Tod hat Gott widersprochen. Man stürzt sich in diese Nachricht. Die Rettungsdurstigen haben keine andere Wahl.

Wer Ohren hat zu hören, der höre!

Lukas 8,1-4

Ohren allein sagen noch nichts über die Kunst zu hören. Augen allein sagen noch nichts über die Kunst zu sehen. Wissen allein garantiert noch nicht das Gewissen. Das Flüchtlingshilfswerk der Vereinten Nationen nennt die Zahl der Bootsflüchtlinge, die im Mittelmeer umgekommen sind: 3419 Menschen sind ertrunken, an Bord verdurstet oder in Dieselabgasen erstickt. Wissen wir etwas, wenn wir die Zahlen lesen? Sehen wir sie, wenn wir in den täglichen Bildern die Leichen auf dem Meer treiben sehen? Hören wir sie, wenn die Überlebenden von ihrer Armut erzählen? Man kann also sehen und nicht sehen, hören und nicht hören, etwas wissen und kein Gewissen haben. Die Bibel spricht an vielen Stellen von der Seelentaubheit und Herzensblindheit der Menschen. Matthäus berichtet wie Lukas das Gleichnis vom Sämann, und er schließt ähnlich wie er: »Mit sehenden Augen sehen sie nicht und mit hörenden Ohren hören sie nicht, und sie verstehen es nicht.« Die Apostelgeschichte (7,51) nennt sie die »Halsstarrigen mit verstockten Herzen und tauben Ohren«. Sie sind, wie Luther die Stelle übersetzt, »unbeschnitten an Herzen und Ohren«. Wie kommt der Mensch zu unbeschnittenen Herzen und Ohren? Wie kommt er zu Augen, die sehen und nichts wahrnehmen? Wie kommt es zur Selbstblendung?

Es sind zuerst die eigenen Interessen, die seine Verstockung organisieren. Ja, sie organisieren sie, denn man ist nicht von selbst und wie vom Schicksal geschlagen seelentaub und herzensblind. Man braucht Erklärungen für seine Verstocktheit. Solche Erklärungen gibt es mit vielen Argumenten, sie können heißen: Es sind nur Wirtschaftsflüchtlinge (ich warte darauf, wann endlich dieser Begriff zum Unwort des Jahrhunderts erklärt wird). Das Boot ist voll, kann die verstockende Erklärung heißen. Es gibt kein Unrecht, das man einfach und ohne Selbstrechtfertigung begeht. Es gibt kein Unrecht, das sich nicht die Maske des Rechtes oder der Unausweichlichkeit umbindet. Der Mensch will mit sich im Reinen sein, und so sucht er sich Argumente für seine Schandtaten und wird damit vor sich selbst unkenntlich. Fast aussichtslos für die Erkenntnis der Wahrheit ist es, wenn die meisten die gleiche Maske tragen und sie einstimmig sagen: Das Boot ist voll, und wir können nichts machen. Vielleicht wird erst die nächste Generation die Masken der Alten lüften, aber dann ist es für die Opfer zu spät.

Beim Propheten Jesaja (50,4) heißt es: »Gott hat mir eine Zunge gegeben, wie solchen, die noch lernen können, damit ich es verstehe, die Müden mit einem Wort zu stärken. ... Gott hat mir das Ohr geöffnet, damit ich höre wie die, die noch lernen können.« Dies sagt der Leidende Gottesknecht. Das Leiden ist eine Folge des guten Gehörs – das Mitleid, diese würdigste aller Tugenden.

Verloren und gefunden

Lukas 15,11-32

Ein Mensch hatte zwei Söhne. Der jüngere sprach: »Gib mir, Vater, das Erbteil, das mir zusteht!« Der Vater teilte Hab und Gut unter sie. Der Sohn packte alles zusammen, zog in ein fremdes Land und verprasste dort sein Erbe. Es kam eine Hungersnot, und er ernährte sich mühsam, indem er die Säue eines reichen Bürgers hütete. Da kam er zur Besinnung und sagte sich: »Ich will zu meinem Vater zurück, und so will ich zu ihm sprechen: Vater, ich habe gesündigt gegen den Himmel und vor dir. Ich bin nicht mehr wert, dein Sohn zu heißen. Mach mich zu deinem Tagelöhner!« Er machte sich auf den Weg. Der Vater sah ihn schon von Ferne. Es jammerte ihn. Er lief ihm entgegen, fiel ihm um den Hals und küsste ihn. Der Vater sprach zu seinen Knechten: Bringt schnell das beste Gewand und zieht es ihm an! Gebt ihm einen Ring und Schuhe! Schlachtet das Mastkalb und lasst uns essen und fröhlich sein! Denn mein Sohn war tot und ist lebendig geworden; er war verloren und ist gefunden worden. Und sie fingen an, fröhlich zu sein.

Der ältere Sohn aber wurde zornig und wollte nicht zum Fest. Er sagte zu seinem Vater: Ich habe dir gedient, ich habe keines deiner Gebote übertreten, und du hast mir nie einen Bock gegeben, dass ich mit meinen Freunden feiern könnte.

Der Vater sagte zu ihm: Du sollst mit uns fröhlich sein; denn dein Bruder war tot und ist wieder lebendig geworden, er war verloren und ist wiedergefunden.

Eine nötige Flucht?

DER SOHN: Ich kann hier nicht atmen. Du erdrückst mich mit deiner Größe. Immer schon weißt du, was ich brauche, was gut für mich ist, was ich tun und lassen soll. Du hältst mich besetzt mit deiner Güte und Souveränität. Deine Größe umzingelt mich und macht mich zu einem Zwerg, deine Unfehlbarkeit ist meine Sünde. Deine Überlegenheit macht mich zu einem Unterlegenen. Schämst du dich nicht deiner Allgegenwart?

DER VATER: Geh weg!

DER SOHN: Gib mir mein Erbe!

DER VATER: Was willst du von mir?

DER SOHN: Gib mir meinen Anteil an deiner Macht, an deinem Wissen, teile mit mir die Kälte deiner Souveränität und entlass mich aus dem Gefängnis deiner Gnade!

DER VATER: Geh weg!

DER SOHN: Noch darin zeigst du dich groß, dass du mich gehen lässt. Ich werde dich nicht los, du Wächter meines Gefängnisses. Kämpfe mit mir! Halte mich zurück und verstelle mir den Weg meiner Freiheit. Erst wenn ich sie gegen dich erobert habe, gehört sie mir. Geschenkte Freiheiten sind faule Freiheiten.

DER VATER: Geh weg!

Der Rausch der Freiheit

DER SOHN: Ich habe mich gewonnen, ich bin ihn los. Er ist nicht mehr mein Gewissen, er ist nicht länger mein Verstand, er ist nicht mehr der Herr meiner Wünsche. Zum ersten Male bin ich. Mein Name ist nicht mehr Vaterssohn. Ich bin nicht mehr sein Geschöpf, ich bin mein eigener Schöpfer. Ich bin, der ich bin, weniger nicht und mehr kann ich nicht sein.

DIE ALTE FRAU: Er ist, der er ist, nur noch das, mehr nicht! Er ist der Herr seiner bescheidenen Träume geworden, der Meister seines eigenen Gewissens. Er ist verantwortlich, aber nur noch sich. Er ist besorgt, aber nur noch um sich. Nicht dass er den Vater verlassen hat, ist seine große Schuld. Vielleicht musste er gehen und sich dem Vater entwinden. Aber er hat sich die falschen Erbstücke ausgesucht: Die Macht ohne Güte, das Wissen ohne Weisheit, die Souveränität ohne Gnade. Man berichtet, dass er sein Erbteil mit Huren verprasst, dass er es versäuft und verfrisst. Wäre es nur so! Er hätte wenigstens die Wärme der kurzen Nächte und das flüchtige Vergnügen des Rausches. Nein, er verprasst nichts. Er benutzt es. Er vermehrt sein Wissen ohne Gewissen. Er ist der Meister der Kälte geworden. Was er anfasst, wird zu eisigem Gold. Nur seine Niederlage wird ihn retten. Sein Ruin wird seine letzte Gnade.

Selbstgespräch des Verlorenen

DER SOHN: Er hat mich gewarnt, aber er hat mich nicht zurückgehalten. Er hat mich in die Messer laufen lassen. Aber gelaufen bin ich selbst. Könnte ich meine Wege wieder gehen! Könnte ich wenigstens wiedergutmachen! Könnte ich die Wunden heilen, die ich geschlagen habe. Ich kann es nicht. Ich bin ausgeliefert! So will ich denn sein, der ich bin: Einer ohne Waffen, einer ohne Gegenwehr, ausgeliefert der eigenen entsetzlichen Vergangenheit; ratlos und hungernd nach dem Leben, das ich verspielt habe. »Wenn du der Sünde gedächtest, wer könnte vor dir bestehen.« Ich kann nicht bestehen. Ich bin vernichtet vor den Augen seiner Reinheit. Meine trostlose Qualität ist meine Reue. Meine trostlose Qualität ist, dass ich gelernt habe, Ich zu sagen in meinem Verrat: *Ich* habe dich verlassen, es waren nicht die Umstände, die mich verführt haben. *Ich* habe das Erbe verspielt, und ich werde nicht wie jener feige Erste sagen: »Das Weib, das du mir gegeben, hat mich verführt.« Das also kann ich, und ich werde wenigstens jene letzte Größe nicht verra-

ten, die Größe, schuldig zu sein. So also werde ich sprechen: »Vater, ich habe gesündigt gegen den Himmel und
vor dir.« Ich hoffe auf wenig, vielleicht kann ich Knecht
sein im Haus der Fülle.

Theologisches Gutachten zur Lage des Verlorenen Sohnes

Er ist verloren, er beruft sich auf nichts mehr, am wenigsten auf sich selbst. Er argumentiert mit nichts anderem als
der grundlosen Barmherzigkeit jenes Vaters. Gnade hat
keinen Grund – außer der Gnade. Er argumentiert mit seiner Armut: Ich bin zu gering! Ich bin nicht mehr wert, dein
Sohn zu sein. Er lernt die große Kunst der Bedürftigkeit.
Nein, einer, der sich mit eigenen Künsten, Tricks und mit
dem eigenen Manövrieren durch das Leben schlägt, kann
einem nicht sympathisch sein. Aber auf einen, der keine
Argumente mehr hat, wird man aufmerksam. Er verliert
sein Gesicht vor der Güte. Er lernt, dass er nichts vorzu-
weisen hat. Er spricht wie jener Zöllner aus der alten Geschichte: »Herr, sei mir Sünder gnädig!« Er hat jedes Recht
auf Berufung aufgegeben. Die letzte Hinterlist und der letzte Hintersinn sind ihm abhandengekommen. Der Schlau-
kopf hat seine Schläue verloren. Er weiß nur das eine: Ich
bin zu gering aller Barmherzigkeit und Treue! Nein, das ist
keine Selbstmissachtung. Es ist die größte menschliche
Größe, die man sich denken kann, zur eigenen Bedürftigkeit zu stehen. In dieser Größe kann man nicht groß sein.
Man ist »gering«, man ist sich selbst enteignet und angewiesen auf Barmherzigkeit und Treue. So ist das Einge-
ständnis der Bedürftigkeit die Möglichkeit der Versöhnung
mit dem verlassenen Vater.

Der Vater und der Vernünftige

DER VATER: Er kommt. Ich sehe ihn, abgerissen, in Lumpen, verhungert, gedemütigt, er zögert, ich laufe ihm entgegen, ich vergesse mich.

DER VERNÜNFTIGE: Langsam! In deinem Alter und in deiner Position läuft man nicht. Geh gemessen!
Sei sparsam mit deiner Güte! Vor der Vergebung kommt das Urteil. Vor der Gnade kommt das Bekenntnis. Du hast ihn geküsst, bevor er bekannt hat. Vor der Güte kommt die Strafe. Was rechtfertigt den Ring, den du vorgesehen hast, das teure Gewand, die Musik und die Tänze?

DER VATER: Seine Nacktheit rechtfertigt das Gewand. Seine Schande braucht die Schönheit. Er verdient es nicht mehr, mein Sohn zu heißen, darum nenne ich ihn Sohn.

DER VERNÜNFTIGE: Es geht ums Prinzip und die Ordnung der Dinge, die du nicht umstoßen kannst in deiner gütigen Willkür. Unsere alte, dunkle Weisheit lehrt dich: Die Tugend soll belohnt und die Schuld gebüßt werden. Jeder ist seines Glückes Schmied, sagt sie. Er hat sein Glück verspielt. Gib ihm eine neue Möglichkeit, aber als Knecht, nicht als Sohn. Er soll gedemütigt werden. Das ist seine Gnade und das ist sein Anfang.

DER VATER: Keiner soll gedemütigt werden, auch nicht durch Vergebung. Darum Musik und Tanz und Wein.

Das karge Recht des älteren Bruders

DER ÄLTERE SOHN: Für ihn lässt du singen, für ihn tischst du auf und lässt du tanzen. Für mich hat niemand aufgespielt. Ihm gibst du über all seine Wünsche hinaus. Warum?

DER VATER: Er war verloren. Ist es Grund genug?

DER SOHN: Wird ein Ruin belohnt mit Ringen? Gegen alle Regeln des Lebens werden die Niederlagen belohnt mit

114

Tänzen. Du setzt die Gesetze außer Kraft. Deine grundlose Güte erlaubt sich, das Recht mit Füßen zu treten. Warum?

DER VATER: Er war tot, jetzt lebt er. Ist das Grund genug?

DER SOHN: Ich habe dir gedient. Ich habe die kurzen Nächte ertragen und die Mühen des Tages. Ich habe an dich gedacht, nicht an mich. Wer hat die Tänze und die Mastkälber verdient, wenn nicht ich? Für meine Feste gab es kein Lamm.

DER VATER: Warum hast du es dir nicht genommen?

DER SOHN: Ich habe getan, was du gesagt hast. Ich habe kein vorzeitiges Erbe verlangt. Ich habe keinen Lohn verlangt für die tägliche Plage. Ich habe nicht nach einem anderen Leben geschielt. Ich habe dich nicht verlassen.

DER VATER: Du hast recht. Aber mehr als dein mageres Recht hast du nicht.

DER SOHN: Mein Leben habe ich dir geopfert.

DER VATER: Barmherzigkeit will ich und kein Opfer.

Diskussionsbeiträge über den Fall »Verlorener Sohn«

DER THEOLOGE: ... und außerdem sind wir vor Gott Vater immer schon verloren. Wie immer jener Sohn sich entschieden hätte, Sünder sind wir alle und jeder zu jeder Zeit. Aber wir sind ja auch alle und jeder zu jeder Zeit gerechtfertigt durch die Gnade und das Blut Jesu Christi.

DIE ALTE FRAU: Billige Verlorenheit, billige Gnade, billige Vergebung, zechen auf Christi Kreide!

DER JURIST: ... außerdem kann Begnadigung erst am Ende eines Prozesses der Aufdeckung, der Abwägung aller Umstände und der Strafe kommen. Bei guter Führung kann man eine Begnadigung ins Auge fassen.

DIE ALTE: Der Vater ist ein Anarchist. Er stellt die Rechtsordnung auf den Kopf: Die Gnade steht am Anfang. Sie

gebiert die Sohnschaft und die neue Seele des Verlorenen.

DIE PSYCHOLOGIN: ... und außerdem sind Sünde und
Schuld vormoderne Begriffe, mit denen die Kirche den
Menschen Angst einjagt. Wir sind die Produkte unserer
Umwelt und der gesellschaftlichen Umstände. Wir kön-
nen nichts dafür und können nichts dagegen.

DIE ALTE: Verrat an der Würde des Verlorenen! Seine Ehre
ist es, schuldig zu sein, und nicht nur Rädchen im
Weltlauf der Dinge. Gnade hat keinen Grund außer der
Gnade.

Er sah die Stadt und weinte über sie
Lukas 19,41-48

Jesus hatte recht, als er über die Stadt weinte, die nicht er-
kannte, »was zum Frieden dient«. Er hatte recht mit seinen
Tränen, als er auf religiöse Führer traf, die ihre theologischen Spitzfindigkeiten über die Barmherzigkeit stellten. Er
hatte recht mit seinem Zorn über Menschen, die an ihre
Einzigartigkeit glaubten, nur weil sie von Abraham ab-
stammten. Er hatte recht mit seiner Empörung gegen ein
selbstgerechtes System, das den Sündern und Zöllnern,
den Huren und Landstreichern keine Chance gab. Er sah
es kommen: In einem solchen religiösen System wird »kein
Stein auf dem anderen« bleiben.

Das Problem der christlichen Kirchen: Sie haben den
Tränen Jesu Krokodilstränen nachgeweint. Sie haben an
ihren Karfreitagen als Feiglinge, als Gaffer oder als Zu-
stimmende zugeschaut, als in den Jahren des großen Mor-
dens die Nachkommen jenes Volkes zusammengetrieben
und vernichtet wurden. Sie haben ungerührt vom Lauf der
Dinge ihre gotteslästerlichen Gebete für die »ungläubigen
Juden« gesprochen. Ungerührt von den Schreien der Opfer
glaubten sie sich als Erben jener Gottverdammten. Sie haben in ihren Bildern die Synagoge als Verblendete und Ge-
blendete dargestellt, sich selber aber in strahlender Hell-
sichtigkeit. Sie haben an ihren Israelsonntagen, früher
haben sie diese Judensonntage genannt, für deren Bekehrung gebetet. Bekehrung wozu? Zu dieser Kirche, die ihnen
kein Lebensrecht einräumte?

Jesus weinte über jene Stadt, die nicht wusste, was ihr
zum Frieden dient. Jesu Tränen sind die Tränen über unsere Stadt, die wir so gerne die Stadt Gottes genannt haben. Das Recht seiner Tränen wird zum Recht gegen uns,
gegen eine Kirche, die ihre Stunde nicht erkennt. Israel-
sonntag – das heißt, die Tränen Christi über seine Kirche

zu erkennen. Wenn sie vor unseren »Augen verborgen bleiben«, könnte die gefährliche Weitsicht Christi uns meinen:
Kein Kirchenstein wird auf dem anderen bleiben, weil wir
die Zeit nicht erkennen, in der wir heimgesucht werden.

Es gibt nur eine Möglichkeit der Kirche, ihrem Antiju-
daismus zu entkommen: Sie muss die Vorwürfe Christi, die
er gegen eine falsche Praxis der jüdischen Überlieferung
erhebt, als Vorwürfe gegen sich selbst verstehen. Wir stehen also vor den Fragen: Wo sind uns theologische Spitzfindigkeiten ernster als die Barmherzigkeit? Wo behaupten
christliche Kirchen ihre Einzigartigkeit auf Kosten anderer
religiöser Entwürfe? Welche Aufmerksamkeit haben unsere
Kirchen für die, die ihre gesellschaftliche Geltung verloren
haben, die »Sünder und Zöllner« unserer Tage? Das sind die
Bußfragen, die Christus uns stellt. Bußfragen zu hören und
vor ihnen sich die Ohren nicht zu verstopfen, heißt, sich
die Würde der Bekehrung zu gewähren oder – wie es Dorothee Sölle nannte – sich das Recht, ein anderer zu werden, zuzumuten.

Nein, diese Kirche besteht nicht nur aus ihrem Versagen.
Es gibt viele Stellen, an denen sie erkennt, dass Barmherzigkeit wichtiger ist als Opfer; an denen die Kirche ihre eigene Endlichkeit zugibt und an denen sie das Recht der
Rechtlosen verlangt. Zur Reue gehört die Genauigkeit, und
zu dieser gehört die Fähigkeit, das eigene Versagen sowie
das eigene Gelingen zu sehen. Die Kirche hat ihre Schönheit, wie das Judentum zur Zeit Jesu seine Schönheit hatte
und wie es seine Schönheit heute hat. Wo die Kirche nur
ihre eigene Sündigkeit behauptet, wird ihre Reue routi-
niert. Auch routinierte Reue kann vor Veränderung und
Bekehrung schützen.

...damit eure Freude vollkommen sei
Johannes 15,9-17

An einem Vers dieses Abschnittes bleibe ich hängen, weil ich ihn am wenigsten verstehe: »Das sage ich euch, damit meine Freude in euch bleibe und eure Freude vollkommen werde«, eine Freude, »die niemand von euch nehmen soll« (16,22).

Was ist diese vollkommene Freude, von der die Autoren des Alten und Neuen Testaments sprechen und die die Mystiker kennen? »Mein Leib und meine Seele freuen sich in Gott«, singt der Psalmist (84,3). »Die Freude am Herrn ist eure Stärke«, heißt es bei Nehemia (8,10). Als Frucht des Geistes beschreibt Paulus im Galaterbrief diese Freude. Meister Eckart spricht davon, dass Gott selber »erfreuet, ja durchfreuet« werde, »denn da bleibt nichts in seinem Grunde, das nicht durchkützelt wird von Freude«. Es ist offensichtlich nicht die Freude an diesem und jenem; an Erfolgen oder an Gewinn. Es ist nicht die Freude *an*, sondern die Freude *in*, eben »in Gott«, wie der Psalmist sagt. Diese Freude wird weder gestört noch gefördert durch die Ereignisse des Lebens. In einem meiner liebsten Lieder heißt es: »In dir ist Freude in allem Leide, o du süßer Jesus Christ.« Das Leid verringert diese Freude nicht, das äußere Glück erhöht sie nicht.

Kann man sich so in Gott verlieren, dass die Freude vollkommen ist und nicht beeinträchtigt wird durch den normalen Gang des Lebens? Soll man das überhaupt? Werden damit nicht das Leid und das weltliche Glück unwichtig? Was sagt der Gedanke von der vollkommenen Freude der Frau, die gerade ihr einziges Kind begraben musste? Wenn mit diesem Gedanken das Leiden entwichtigt wird, landet man im Zynismus. Das Kirchenlied behauptet aber nicht, dass Leiden nichts mehr bedeutet. Es heißt: »In dir ist Freude *in* allem Leide.« Ich muss es ja nicht verstehen, aber ich kann mich schon sehnen nach einer Geborgenheit in Gott; nach einer Ungestörtheit der Seele, die »in allem Leide« nicht aus der Freude in Gott fällt. Ich weiß nicht, ob ich sie je erlebt habe, ich glaube es nicht. Aber ich kann schon einen Reichtum ahnen, der noch nicht meiner ist. Man kann dieses Erbe der Tradition schon schätzen, auch wenn man selbst nicht genau weiß, wie man damit umgehen soll.

Eine Figur, in der Freude und Leid nicht mehr getrennt sind, ist Franz von Assisi. Dies wird von ihm erzählt: Eines Tages rief Franziskus Bruder Leo und sprach: »Bruder Leo, schreibe ... was die wahre Freude ist! Es kommt ein Bote und sagt, dass alle Magister von Paris zum Orden gekommen sind. Schreibe: Das ist nicht die wahre Freude. Ebenso alle Prälaten jenseits der Alpen, die Erzbischöfe und Bischöfe; ebenso der König von Frankreich und der König von England. Das ist nicht die wahre Freude. Ebenso, dass meine Brüder zu Ungläubigen gegangen sind und sie zum Glauben bekehrt haben; ebenso, dass ich von Gott solche große Gnade erhalten habe, dass ich Kranken heile und viele Wunder wirke. Ich sage dir, dass in dem allem nicht die wahre Freude ist.« Was aber ist die wahre Freude? Franz gibt ein Beispiel: Wenn er gedemütigt würde; wenn man ihn ins eigene Kloster nicht mehr aufnähme; wenn er als einfältiger Dummkopf beschimpft würde; wenn er in diesem allem die Geduld behielte, dann hätte er darin die wahre Freude gefunden. Franziskus empfiehlt nicht, sich demütigen zu lassen, *um* die wahre Freude zu finden. Aber sein Beispiel sagt: Keine Erfolge haben etwas mit der wahren Freude zu tun, und keine Kränkungen des Lebens zerstören diese Freude. Er sagt es wie das Lied: »In dir ist Freude in allem Leide.«

Verstehe ich diesen großen Heiligen? Nein! Wage ich deswegen, seine Geschichte abzulehnen? Nein, denn es gibt mehr, als mein karges Herz versteht.

Der Geist gibt Zeugnis unserem Geist
Römer 8,1-16

Eine alte Lehrerin, fromm und dem Tode nahe, kam gegen das Gefühl ihrer Lebensschuld nicht mehr an. Sie war eine gute Lehrerin, hingegeben an ihre Arbeit und an Menschen. Trotzdem war sie gequält von Gefühlen, dem Leben alles schuldig geblieben zu sein. Von einem Freund bekam sie einen Brief, der eine Interpretation dieses Textes aus dem Römerbrief ist. Ich zitiere daraus:

Du hast gesagt: »Vor meinem inneren Auge sehe ich dauernd, was ich im Leben falsch gemacht habe.« Ich kenne diesen Schmerz des Alters, nicht mehr nachholen zu können, was man versäumt hat, und nicht mehr gutmachen zu können, was man schlecht gemacht hat. Mich stört an Deinem Satz nur das »dauernd«. »...sehe ich dauernd...«, schreibst Du. Wenn ich etwas von Gnade verstehe, dann heißt das: Wir sind am Ende, die wir sind – mit allen Wunden, mit aller Schuld, mit allem Gelingen. Gnade heißt: Ich muss kein Urteil über mich sprechen, weder ein gutes noch ein verdammendes. Ich muss mich nicht rechtfertigen. Das alte theologische Wort »Rechtfertigung« war mir immer sehr wichtig. Erinnerst Du Dich an Kafkas Schloss-Roman? »K« ist an seinem 30. Geburtstag vom Gericht befohlen, alle wesentlichen Momente seines Lebens aufzuzählen und zu bewerten; sich also zu rechtfertigen. »Und je mehr er jetzt zu seiner Rechtfertigung tun will, desto ungerechtfertigter kommt er sich vor. Das führt zum Entzug der Lebenserlaubnis, das führt zu der von ihm selbst veranstalteten Selbst-Hinrichtung.« (So Martin Walser über die Figur aus Kafkas Schloss.) Ist Dein Satz »Vor meinem inneren Auge sehe ich *dauernd*, was ich falsch gemacht habe« nicht eine Art Selbst-Hinrichtung? Und wer gibt Dir die Erlaubnis dazu? Jedenfalls nicht der, der uns richtet. Wenn ich eins von diesem Christentum verstanden habe, dann ist es der Gedanke: Wir müssen uns nicht bezeugen! Sich selbst bezeugen, hieße »im Fleisch« leben. Wir müssen nicht Zeugen unserer selbst sein, auch nicht die Zeugen *gegen* uns selbst. Einer meiner Lieblingssätze aus dem Römerbrief (8,16): »Der Geist gibt Zeugnis unserem Geist, dass wir Kinder Gottes sind.« Kann man mit diesem wunderbaren Satz nicht alle Versuche der Selbstrechtfertigung und Selbstverdammung ausräuchern? Es ist eine der schwersten Aufgaben, an die Gnade zu glauben und die Selbst-Hinrichtung zu unterlassen. Das vertreibt nicht den Schmerz über das Stückwerk Leben. Aber könnte es nicht eine Grund-Heiterkeit geben, die dem Schmerz seine bannende Kraft nimmt? Die verwundete Heiterkeit, die dieser Satz aus dem Römerbrief lehrt: Der *Geist* gibt Zeugnis, nicht wir selbst. Wir sind, die wir sind, am Ende unseres Lebens, mit Narben bedeckt und angesehen vom Blick der Güte. Sieh Dich nicht an! Lass Dich ansehen von Gott! Lass Dich auch von uns ansehen, denen Du Deine Freundschaft geschenkt hast; von den Schülern und Schülerinnen, denen Du Goethe und den Konjunktiv beigebracht hast! Du hast kein Recht, Dich zu wehren gegen den großen Blick der Güte und gegen unsere kleinen Blicke der Dankbarkeit. Sich in der Selbst-Hinrichtung einzurichten – ist das nicht eine Art negativer Eitelkeit? Du warst uns viel; Du warst uns nicht alles, das ist wahr. Du warst Menschen viel, Du warst ihnen nicht alles. Und Du *musstest* ihnen nicht alles sein. Nur Gott ist alles, nicht Du. Welche Lebenserleichterung, wir müssen nicht alles sein! Ich weiß, dass der Gedanke der Gnade nur schwer ankommt gegen unsere eingefrästen Selbstauffassungen. Aber er kann sie relativieren, er kann uns heiter machen im Schmerz. Es kann ja sein, dass zu unserer Humanität gehört, sich selbst zu beweinen. Aber noch mehr und noch größer ist, sich selbst zu belächeln. Und Gott lächelt mit.

Erwählung und Verwerfung
Römer 11,25-32

Konvertiten ist zu misstrauen. Sie versuchen manchmal, ihren Abschied von alten Lebensauffassungen zu rechtfertigen und ihrer Entscheidung eine Stimmigkeit und Kontinuität zuzusprechen, die nicht selten recht gewalthaft sind. Warum sollte ich Paulus davon ausnehmen? Er war einer der ersten Verfolger der christlichen Gemeinden. Er (damals noch Saulus) »hatte Gefallen« an der Steinigung des Stephanus, des ersten christlichen Blutzeugen. Er »suchte die Gemeinde zu zerstören, ging von Haus zu Haus, schleppte Männer und Frauen fort und warf sie ins Gefängnis« (Apostelgeschichte 8,3). Dann bei Damaskus der Ruin seines alten Glaubens; die Blendung seiner alten Augen und das neue Licht, das ihn zum Heidenmissionar machte. Was macht einer mit der Erfahrung eines solchen Ruins des alten Lebenshauses? Wie kann man das neue Leben leben, ohne seine Vergangenheit völlig abzuschreiben und zu verwerfen? Paulus macht eine Theologie aus seiner Erfahrung. Er stellt sie vor in drei Kapiteln seines Römerbriefes (9-11). Kurz zusammengefasst: Das jüdische Volk ist erwählt, und Gott hat diese Erwählung nicht aufgehoben. Wohl leben die meisten jetzt in Verstockung und Blindheit, weil sie die Gnadengabe Christi nicht anerkennen. Dann ein merkwürdiges Argument: Die Verwerfung Israels ist die Versöhnung der Welt (11,15); d. h. sie macht den Weg frei für den Einzug der Völker. Wenn aber die Fülle der Heiden zum Heil gelangt ist, dann wird auch ganz Israel gerettet (11,25).

Paulus ist nicht verantwortlich für das, was die Kirchen aus seinen Aussagen über das Judentum gemacht haben. Sie haben gehört, was ihnen passte. Das ist die Gefahr des Umgangs mit der Bibel, dass man liest, was man zu lesen wünscht. Die Kirchen haben hauptsächlich diese Begriffe über das Judentum von Paulus gelernt: Verblendung, Verstockung, Verwerfung. Diese Lehre haben sie nicht nur in Worten wiederholt. Sie wurden in vielen Bildern eingebrannt in die Seelen der Menschen, eines der eindrücklichsten: Ecclesia und Synagoge am Südportal des Straßburger Münsters. Ecclesia, gekrönt, mit dem Kreuzesstab, stehend in unerträglicher Arroganz; die Synagoge mit zerbrochenem Speer, entthront und geblendet. Es gibt Hunderte von Darstellungen dieser Art. Wie wäre es, wenn jede Religion auf den stolzen Begriff der besonderen Erwählung verzichtete? Denn wie die Geschichte zeigt, geht das Bild der Erwählung immer mit dem der Verwerfung anderer zusammen. Erwählung heißt Ausschluss der anderen. Gewiss, man kann Erwählung anders interpretieren. Aber das Bild ist zu stark. Es gebiert fast automatisch den Gedanken der Nicht-Erwählung oder gar den der Verwerfung. Vor 100 Jahren begann der Erste Weltkrieg. Ein Moment der Verblendung und der Geneigtheit zum Krieg war die Überzeugung der eigenen kulturellen und religiösen Überlegenheit und der besonderen Erwählung und göttlichen Sendung der deutschen Nation. Gott hat das deutsche Volk auserwählt, um sein Werk auf Erden voranzutreiben, hieß es in Predigten. Dieser fatale Erwählungsgedanke findet sich übrigens nicht nur bei den Deutschen, ebenso bei Franzosen und Engländern. Religionen fällt es schwer, die eigene Endlichkeit anzuerkennen; d. h. eine unter vielen zu sein; geliebt von Gott und mit dem Recht auf die eigene Existenz wie alle anderen. Das Bewusstsein der eigenen Endlichkeit aber ist die Voraussetzung des Friedens und aller Humanität. Es genügt zu wissen, dass wir alle von Gott gemeint sind. Das ist Trost und Erwählung genug.

Und doch, es gibt sie, die zuerst Gemeinten, die Lieblingskinder Gottes, die vor anderen Erwählten. Jesus nennt sie in der Bergpredigt: die Armen, die Hungernden, die Weinenden, die Ausgestoßenen, die Barmherzigen und die Friedensstifter.

Johannes 6: Die Speisung der 5000
Bibelarbeit auf dem Kirchentag in Hamburg 2013

Ich gestehe: Von den vier Evangelisten ist mir Johannes der fremdeste. Er ist mir zu mystisch. Aber man kann sich die Evangelisten ja nicht aussuchen. Die Evangelisten haben die Wundergeschichte abgeschrieben. Wir haben die Geschichte der Speisung der 5000 gehört. Ich lese die Vorlage für das neutestamentliche Speisungswunder, die ich im 4. Kapitel des zweiten Buches der Könige finde (42-44). Es ist eine der Geschichten, die vom Propheten Elisa überliefert werden. So wird erzählt:

Es kam ein Mann von Baal-Schalischa und brachte dem Mann Gottes (dem Propheten Elisa) *Erstlingsbrot, nämlich 20 Gerstenbrote, und neues Getreide in seinem Kleid. Elisa sprach: Gib's den Leuten, dass sie essen!*
Sein Diener sprach: Wie soll ich davon 100 Mann geben? Elisa sprach: Gib den Leuten, dass sie essen! Denn so spricht der Herr: Man wird essen, und es wird noch übrig bleiben.
Und er legte es ihnen vor, dass sie aßen, und es blieb noch übrig nach dem Wort des Herrn.

Die Geschichte des Elisa ist ein etwas glaubhafteres Wunder als die Speisung bei Johannes. 100 Mann und 20 Gerstenbrote ist jedenfalls nicht so stark aufgetragen wie 5000 Männer und 5 Gerstenbrote. Nun gut, bei Johannes kommen noch zwei Fische hinzu. Aber das macht den Braten auch nicht fett, vor allem, wenn – jedenfalls bei Matthäus – noch die hungrigen Mäuler der Frauen und Kinder dazukamen.

Was passiert hier? Warum schreiben Johannes und die anderen Evangelisten – alle berichten ja von dieser wunderbaren Speisung – die alte Geschichte des Elisa ab und geben sie als die eigene aus? Warum dieses Plagiat? Wir finden hier eine Grundgeste des Glaubens und der Hoffnung der Menschen. Man macht sich die alte Geschichte zu eigen. Menschen lesen sich hinein in die fremden Rettungsgeschichten. Sie sucht sich Zeugen dafür, dass ihre Hoffnung nicht ein reiner Wahn ist. Es sind schon einmal Menschen ihrem Hungertod entkommen. Also werden wir entkommen. Es hat schon einmal Menschen gegeben, die wider alle Erwartungen satt wurden. Also werden wir satt. Menschen schreiben die alten Geschichten des Gelingens ab. Sie schreiben ihre eigene Hoffnung ein in die alte Szene der Lebensrettung. Sie denken sich die Geschichte von der Brotvermehrung aus, weil sie sagen, jene alte Geschichte des Propheten Elisa ist unsere Geschichte. Wir hier in Hamburg sagen: Jene Erzählung des Johannes ist unsere Geschichte. Wir überspringen den garstigen Graben der Zeit und sagen: Wir – heute – hier! Das heißt übrigens eine Tradition haben: Nicht mit der Dürftigkeit des eigenen Glaubens und mit den geringen Argumenten für die eigene Hoffnung auskommen müssen. Glauben heißt, sich flüchten in den Glauben aller, die mit uns glauben und die vor uns geglaubt haben. Wir müssen nicht authentisch sein, wir müssen nicht Erste sein. Vor uns haben Menschen geglaubt. Ihr Glaube ist der Rollator unseres humpelnden Glaubens. Also munter abgeschrieben vom Glauben der anderen! Munter behauptet: Wir waren es, die von den Gerstenbroten des Elisa gegessen haben. Wir waren unter den 5000, die sich die wenigen Brote und Fische geteilt haben. Es ist unsere Geschichte, in der erzählt wird, dass der Hunger nicht das Letzte ist; die erzählt, dass genug für alle da ist; sogar mehr als das. Zwölf Körbe sind noch übrig geblieben. So viel sie brauchten, war da. Nein! Viel mehr, zwölf Körbe mehr.

Die Elisa-Geschichte ist sozusagen die bürgerlich-preußisch-protestantische Version der Brotvermehrung: 100 Mann, 20 Gerstenbrote, alle satt, das genügt. So viel sie brauchen, und nicht mehr! Auch dort wird erwähnt, dass noch etwas übrig bleibt, aber der Überfluss spielt in der Erzählung kaum eine Rolle. Die Brotvermehrung bei Johannes ist sozusagen katholisch-opulent erzählt: Alle werden satt und mehr als satt. Zwölf Körbe bleiben übrig, zwölf Körbe wie die zwölf Stämme Israels. Das ganze Volk wird satt, nicht nur die geringen 5000. Die Erzählung des Johannes ist eine Endzeiterzählung, eine Art Paradiesesgeschichte. Arme, geplagte und ausgehungerte Leute erzählen sich immer vom Überfluss, nie nur vom Notwendigen. Der Charme jener Erzählung vom Reich Gottes liegt in der Beschreibung des Überflusses. Es ist nicht der Überfluss, wie wir ihn kennen aus unserer korrupten Welt; der Überfluss für wenige auf Kosten der vielen. Es ist der Überfluss für alle. Da ernährt man sich nicht nur von trocknen Gerstenbroten und ein bisschen Wasser, genug zum Überleben. Über das Nötige hinaus gibt es üppige Gastmähler mit Wein, Tanz und Gesang, mit kostbaren Kleidern und Ringen wie in der Geschichte des verlorenen Sohnes. Lebensreichtum für alle – eine wundervolle Unbescheidenheit. Wo vom Reich Gottes erzählt wird, da wird nicht nur von Notwendigkeiten berichtet, dies natürlich zuerst, dass keiner mehr hungert und keine mehr gedemütigt wird. Es wird von neuen Schönheiten erzählt. Die Reich-Gottes-Erzählungen sind große poetische Lieder der Hoffnung. Vom Reich Gottes wird gesungen, nicht nur berichtet. Die Hoffnung braucht die Lieder, die Gedichte und die großen Erzählungen, um in den Herzen der Menschen zu nisten.

Stéphane Hessel, einer der großen Menschenfreunde und Empörer, hat mit 93 Jahren ein großes Buch des menschenfreundlichen Zorns geschrieben: *Empört euch!* Empört und engagiert euch, hat er jungen Menschen zugerufen – und nicht nur ihnen. Er wurde gefragt, wie er denn nach all den politischen Niederlagen die Hoffnung behalten könne. »Lernt Gedichte und Lieder!«, hat er geantwortet. Lest Rilke, Hofmannsthal und Goethe! In einem Interview war er zu sehen: Er sitzt in einer Straßenbahn. Gegen den Lärm sagt er ein Gedicht von Hölderlin auf – auswendig! Ja, wir brauchen nicht nur Moral, wir leben von der Erinnerung an die Schönheit. Sie ernährt uns, wie die 5000 von den fünf Broten und zwei Fischen ernährt wurden. Lieder, Gedichte, Geschichten – sie scheinen so schwach, wie die wenigen Brote und Fische schwach waren gegen den großen Hunger. Sie sind schwach und unerlässlich. Die Hoffnung hat keine Zeit mehr, die Umwege zu vermeiden; die Umwege über die köstlichen Zwecklosigkeiten; die Umwege über die Lieder, die Erzählungen und das Gebet. Man muss die großen und wundervollen Nutzlosigkeiten retten, die Brote unserer Gewissheit. Unsere Bibel ist voll von menschen- und gottesfreundlichen Geschichten der Schönheit, die Psalmen; die Geschichten, die davon singen, dass das Große nicht groß und das Kleine nicht klein bleibt; dass die Toten erweckt, die Sünden vergeben, die Tyrannen gestürzt und die Hungernden satt werden. Ich wünsche uns allen, dass wir wie der große alte Mann in der Straßenbahn etwas auswendig können, wenigstens einen Psalm, wenigstens eine Vision von der Gerechtigkeit, wie sie die Propheten träumen; wenigstens ein Lied des Trostes von Paul Gerhardt.

Werden wir satt von solchen Geschichten der Sättigung? Werden die Hungrigen satt, wenn sie hören, wie andere satt geworden sind? Nein, kein Hungriger wird von Geschichten satt. Aber es kann ja sein, dass wir hungriger werden. Es kann ja sein, dass der Hunger der vielen seine Selbstverständlichkeit verliert. Die Geschichte der Sättigung hat einen Subtext, eine geheime subversive Nachricht. Sie bläut uns ein: Es ist nicht selbstverständlich, dass die einen im Hunger ersticken und die anderen im Überfluss. Es ist nicht der natürliche Gang der Dinge, dass die Hungrigen hungrig, die Verlorenen verloren und die vom Leben Gebeutelten gebeutelt bleiben. Die Geschichten der Sättigung sind keine Lösungen, aber sie sind wie Notlösungen in den Zeiten des Hungers. Es sind Notlösungen, die Lösungen vorbereiten. Ich lese bei Ignazio Silone, dem 1978 gestorbenen italienischen Schriftsteller: »Wir müssen uns mit einer Notlösung begnügen wie Flüchtlinge im Niemandsland, in einem improvisierten Lager. Was sollen Flüchtlinge vom Morgen bis zum Abend tun? Sie vertreiben sich die Zeit damit, einander ihre Geschichten zu erzählen.« (Notausgang, 1966, S. 185) Noch sind wir ja im Niemandsland, vaterlandslose Gesellen in den Ländern, in denen die Kleinen klein bleiben und die Mächtigen mächtig.

Matthäus, Markus und Lukas erzählen das Speisungswunder. Johannes erzählt es. Es gibt einen Unterschied zwischen den Synoptikern und Johannes. Die Synoptiker erzählen vom großen Erbarmen Jesu über das Volk. Der Jesus bei Johannes erzählt von sich selbst. Zunächst die Speisung bei den Synoptikern: Die Menschen kommen mit ihren Kranken; er heilt sie und er predigt ihnen. Sie sind wie verlorene Schafe, die keinen Hirten haben, heißt es bei Lukas. Jesus steht auf zwei Kanzeln. Auf der einen Kanzel sagt er das Reich Gottes, das Reich der Freiheit und des Friedens an. Die andere Kanzel, die andere Ansage des angebrochenen Reiches sind seine Taten des Erbarmens: die Blinden lernen sehen, wenn sie ihm begegnen; die Lahmen lernen tanzen; die bösen Geister verlieren ihre Macht in seiner Gegenwart und die Hungrigen werden satt. Christus hat seiner Kirche diese beiden Kanzeln vermacht. Wir kennen die Worte Jesu, mit denen er ihnen ihren Auftrag erklärte:

Er rief seine zwölf Jünger zu sich und gab ihnen Macht über die unreinen Geister, dass sie die austrieben und heilten alle Krankheiten und alle Gebrechen. ... Geht aber hin und predigt und sprecht: Das Himmelreich ist nahe herbeigekommen! Macht Kranke gesund, weckt Tote auf, macht Aussätzige rein, treibt böse Geister aus! (Matthäus 10,5-8)

Zwei Aufgaben erhalten die Jünger und Jüngerinnen und mit ihnen alle Christen: die Predigt der nahen Ankunft des Reiches Gottes und das Wirken der Zeichen des Reiches. Die Predigt allein, Worte und Versprechungen allein wecken noch keine Hoffnung. Was nicht seinen Schatten vorauswirft; was noch kein Vorspiel hat, daran kann man nicht glauben. Die Worte sind die eine Art, das nahe Reich anzusagen. Die andere Art der Ansage sind die großen Zeichen: Die falschen Geister werden ausgetrieben, die Gebrechen und Krankheiten werden geheilt, Tote werden ins Leben gerufen, und Sterbende werden in ihren Tod begleitet. Es soll das Erbarmen Gottes über die Menschen kommen, die »verschmachtet sind und zerstreut wie Schafe, die keinen Hirten haben«. Die Versprechungen Gottes sollen augenscheinlich werden. Sie sollen zur Vertreibung der falschen Geister werden, zur Gesundheit an Leib und Seele. Jesus war kein Spiritualist. In seiner Nähe wurde die Frau von ihrem Blutfluss geheilt, Blinde sahen, Lahme gingen aufrecht und Trauergeister wurden vertrieben. Wir sind keine Charismatiker mit Wunderkräften, wie Jesus und vielleicht noch seine Jünger und Jüngerinnen es waren. Und doch sind wir von dem Auftrag nicht entbunden, zu trösten und die Gebrechen der Seele und des Körpers zu heilen. Die eine Kanzel ist die Kanzel des Wortes. Sie hat einen zentralen Platz in unseren Kirchen. Die andere Kanzel ist die der Zeichen, des Trostes und der Heilung, nicht geringer als die erste Kanzel des Wortes. Wir bleiben nur Kirche des Wortes, wenn wir auch Kirche der wirksamen Zeichen bleiben. Nichts kommt mit dem reinen Wort aus, auch nicht das Reich Gottes. Unsere staubigen, kleinen, mühseligen Wunder sind nicht weniger als die großen Wunder Christi. Alle Wundererzählungen stehen im Imperativ. Sie geben uns nicht nur etwas zu essen, sie geben uns etwas zu tun: Wirkt Wunder! Lasst keinen verkommen und ungetröstet dieser Welt! Lasst keine hungern und dürsten!

Und nun das Brotwunder bei Johannes. Es ist nicht wie in den anderen Evangelien davon die Rede, dass er sich über das Volk erbarmt. Das Wunder ist das Zeichen seiner Messianität. Die Wunder, die Zeichen als die Selbstoffenbarung Jesu spielen bei Johannes eine große Rolle. Auf der Hochzeit zu Kana, bei der das Wasser zu Wein wird, geschieht das erste Zeichen zur Offenbarung seiner Herrlichkeit (2,11). Es geht bei diesem Zeichen also nicht darum, dass die Leute genug Wein kriegen. Wie schade! Es geht darum, die Herrlichkeit zu offenbaren, damit die Jünger an ihn glauben. »Das ist das erste Zeichen, das Jesus tat, und er offenbarte seine Herrlichkeit, und seine Jünger glaubten an ihn.« Die Heilung des Sohnes des königlichen Beamten ist das zweite »Zeichen« (4,54). Der nächtliche Seewandel Jesu nach der Brotvermehrung – ein weiteres Zeichen seiner Besonderheit. Die Heilung des Blindgeborenen ein anderes Zeichen seiner göttlichen Sendung: »Wäre dieser nicht von Gott, er könnte nichts tun«, sagt der Geheilte. Die Auferweckung des Lazarus ein anderes Zeichen dafür, dass er die »Auferstehung und das Leben« ist (11,25). Wer ist bei diesen Wundern eigentlich gemeint, der Blindgeborene; der kranke Sohn des königlichen Beamten; der tote Freund Lazarus? Oder ist Jesus selbst das Ziel der Zeichen und Erzählungen – Jesus der Gottgesandte, der Sohn des himmlischen Vaters, der Messias, der »die Auferstehung und das Leben« ist? Die Wunder, von denen der Autor des Johannesevangeliums spricht, sind Glaubenszeichen; Zeichen, die die Menschen zum Glauben bringen. Am Anfang des Johannesevangeliums heißt es: »Viele glaubten an seinen Namen, da sie die Zeichen sahen, die er tat.« (2,23) Zum Glück gibt es auch die Kritik an diesem Glauben auf Zeichen hin. »Wenn ihr nicht Zeichen und Wunder seht, so glaubt ihr nicht.« (Jo 4,48) Dem sprichwörtlich ungläubigen Thomas sagt Jesus in einer Auferstehungsgeschichte: »Selig sind, die nicht sehen und doch glauben.« (20,29) Selig sind, denen keine Zeichen gewährt sind und die doch glauben.

Ohne Wunder leben müssen – das ist unsere Situation. Wir haben nur noch die alten Erzählungen von Wundern. Gelegentlich berufen sich auch heute Menschen auf Wunder. Ich habe meine Zweifel. Sie erhebt nicht so sehr mein Verstand, sondern meine Wunderkritik kommt aus der Mitte des christlichen Gottesbildes. An Christus selbst, den wir den Abglanz Gottes nennen, sind keine Zeichen geschehen. Er wurde nicht bewahrt vor den Schmerzen des Lebens. Ihn hat kein Gott gerettet vor der Folter und dem erbärmlichen Tod am Kreuz. Wenn ich auf ihn und sein Schicksal sehe, fange ich an, den Wundern zu misstrauen, von denen ich auch heute viel höre und mit denen der Glaube bewiesen werden soll. Es mag sein, dass gelegentlich ein Naturgesetz durchbrochen wird und ein Mensch Gesundheit auf geheimnisvolle Weise erlangt. Viel öfter aber bleiben die Wunder aus. Ein Wunder mag geschehen, theologisch interessiert es mich nicht. Viel mehr interessiert mich der wunderlose Glaube, der es fertig bringt, sich durch die Wüsten zu schleppen, und doch die Hoffnung nicht aufgibt, dass das Leben nicht in eisige Abgründe stürzt.

Es mögen gelegentlich außerordentliche Dinge geschehen, die wie das unmittelbare Eingreifen übernatürlicher Mächte aussehen, vielleicht sogar das Eingreifen solcher Mächte sind, aber sie sind nicht relevant. Sie beweisen nichts. Im Gegenteil: Wenn es solche Stellen gibt, dann wäre das die eigentliche Infragestellung des Glaubens; dann erhebt sich noch viel dringlicher die Frage, warum das Wunder ausbleibt; warum die Blinden blind bleiben; warum die Lahmen lahm und warum Hunderttausende in Tsunamis ertrinken.

Wunder ist, was wir als Wunder interpretieren. Vielleicht gibt es für bestimmte Ereignisse in unserem Leben keine bessere Bezeichnung als das Wort Wunder. Es gibt in bestimmten Erfahrungen Verdichtungen unserer Existenz, in denen wir die Stimmigkeit des Lebens erfahren, wenigstens für Stunden, wenigstens für Minuten. Es sind Erfahrungen der Liebe, der Sexualität, des Gelingens eines Werks, der Bekehrung, der Heilung, der Schönheit der Natur, der Musik. Es sind Zeiten oder Augenblicke, in denen man ein ungeteiltes Ja zum Leben sagen möchte ohne jedes Aber. Es sind Zeiten der Einigung mit dem Leben. Solche Zeiten wirken in der Tat Wunder. Sie heilen den Geist, das Gemüt und sicher auch den Leib. Die Seele hat nicht einen Leib, sondern der Leib ist die Figur der Seele. Das Gegenteil hiervon ist uns allen selbstverständlich: Wenn ein Mensch sein Leben nicht mehr zusammenbringt; wenn er aus den Zusammenhängen gerät und wenn er Güte und Lebenssinn in nichts mehr hineinlesen kann und wenn er seinen Lebensglauben verloren hat, dann wird er unglücklich, gewalttätig oder auch physisch krank. Der Unglaube macht krank, und der Glaube heilt. Glaube ist hier durchaus nicht nur im religiösen Sinn zu verstehen. Nicht-Glauben heißt viel allgemeiner: keinen Lebensentwurf haben, keine Lebensoptionen und keine Lebensliebe kennen. An einer Stelle heißt es von Jesus: Hier konnte er keine Wunder tun, weil sie nicht glaubten. Sie konnten nicht geheilt werden, weil sie nicht glaubten. Und an anderer Stelle heißt es nach einem Wunder: Dein Glaube hat dich gesund gemacht. Die Kraft liegt also nicht beim Wundertäter, sondern bei dem Kranken, dem Sehnsüchtigen, der die Fähigkeit hat, sein Leben als heil und als gut zu lesen. »Das Wunder ist des Glaubens liebstes Kind.« (Goethe, Faust I) Der reife Glaube aber muss die Verborgenheit Gottes ertragen.

Wo Menschen die Mirakelwünsche aufgeben, wächst vielleicht ihre Fähigkeit des Staunens und der Verwunderung im alltäglichen Leben – darüber, dass eine Liebe gelingt; eine Freundschaft besteht; ein Blutsauger sich bekehrt; einem Schuldigen Vergebung gewährt wird; darüber, dass man wieder atmen kann nach Todesnächten. Das Erstaunen und die Verwunderung ist wie eine Neuerschaffung der Welt und des Lebens; eine Schöpfung, die wir nun dem Leben schuldig sind, nachdem Gott es erschaffen hat.

Noch einmal: Der andere Jesus des Johannesevangeliums, er wird deutlich in der Überlegenheit über sein eigenes Schicksal. Jesus weiß immer schon, was geschieht; dass und warum er stirbt. Als er Philippus fragt, woher man das Brot für die vielen nehmen soll, ist es eine Prüfungsfrage. Es heißt: »Das sagte er, um ihn zu prüfen. Denn er wusste wohl, was er tun wollte.« Er ist bei Johannes der immer schon Souveräne, auch in seinem Leiden und Sterben. Bei Johannes ist unvorstellbar, dass er mit der antwortlosen Frage stirbt: »Gott, mein Gott, warum hast du mich verlassen?« Sein Tod wird zelebriert: Sein Tod ist seine Verherrlichung. »Die Zeit ist gekommen, dass der Menschensohn verherrlicht werde«, sagt er seinen Jüngern am Beginn seiner Passion. Sein Leben endet nicht in einem sinnlosen Schrei. Sein Tod ist der »Übergang aus der Welt zum Vater« (13,1). Er hat eine Deutung seines Todes in seiner letzten Stunde. Er »wusste, dass schon alles vollbracht war« (19,28), und so stirbt er beinahe in einer königlichen Geste: »Er neigte sein Haupt und starb.« (19,30)

Ja, gibt es denn verschiedene Jesusse, zumindest verschiedene Jesusbilder? Es gibt so viele Entwürfe seines Bildes, wie es Zeiten und Menschen gibt, die auf ihn ihre Zuversicht setzen. »Wer sagen die Leute, dass ich sei?«, fragt Jesus seine Jünger. Viele Antworten bekommt er auf diese Frage. Die einen halten ihn für den wiedergekommenen Propheten Elia oder für einen der anderen Propheten, die anderen für Johannes den Täufer. Petrus antwortet im Namen der Jünger und Jüngerinnen: »Du bist der Christus, der Gesalbte des Herrn und der lange erwartete Messias.« Ebenso viele Antworten lese ich in den vielen Jesusbüchern der Gegenwart. Die einen sagen mir, er sei der Psychotherapeut, der den Menschen über die Grundängste des Lebens hinweghilft. Die anderen sagen mir, er sei der

»neue Mann«, der endlich die alten patriarchalen Muster durchbricht. Die einen nennen ihn den Heiland, der sein Blut zur Sühne für unsere Sünden vergossen hat. Die anderen sehen in ihm den Befreier aus gesellschaftlicher Knechtung. Ich will keine dieser Deutungen verwerfen. Sie haben wohl alle ihr Recht, und alle halten einen Zipfel seiner Wahrheit. Es gab von Anfang an nicht die eine Christologie, sondern eine Vielfalt von höchst unterschiedlichen Auffassungen von Person und Werk Christi. Die christologische Urfrage »Für wen haltet ihr mich?« und die Antworten darauf bestimmen die Geschichte des Christentums vom Anfang bis heute. Jede Antwort ist ein Bekenntnis. Jedes Bekenntnis aber ist abhängig von den Bekennenden, von ihrer Zeit und ihren Interessen. In unsere Aussagen über Christus sind unsere Leiden, unsere Wünsche und unsere Ängste eingewickelt. Das macht die Verschiedenartigkeit und die Lebendigkeit eines Bekenntnisses aus. Die Aussagen über Christus verlieren immer da ihre Kraft, wo sie als objektive verstanden werden, zu allen Zeiten und von jedem zu machen, unüberholbar und unberührt von den Zeitläufen und den Schicksalen ihrer Bekenner. »Die Bewahrung der Tradition ist ein schöpferischer Akt«, sagt der tschechische Theologe Thomas Halik. »Die Tradition ist immer eine Reinterpretation (ein neuer Interpretationsversuch) vom Vorherigen – während Traditionalisten an diesem Punkt untreu werden.« Wer nicht interpretieren will, hört auf zu bewahren, oder wie der Aphoristiker Elazar Benyoetz sagt: »Eine getreue Wiedergabe ist eine echte Fälschung.«

Liebe Geschwister, mit der Auswahl dieser Perikope für die heutige Bibelarbeit hat der Kirchentag eigentlich ein bisschen geschummelt. Wir haben mit der Beschränkung auf den ersten Teil der Speisungsgeschichte ein Stück ausgewählt, das man erklären und über das man etwas sagen kann. Aber dies ist nicht die eigentliche Brotgeschichte, die der fremde Autor des Johannesevangeliums erzählen will, es ist nur die Einleitung dazu. Wenn wir sie in sich stehen lassen; wenn wir nur von dem Realbrot reden, von dem auf wunderbare Weise viele satt geworden sind, dann ist es, als wollten wir von der Zauberflöte nur die Ouvertüre hören. Das ganze 6. Kapitel des Johannesevangeliums ist eine Brotgeschichte, dabei ist ihr Anfang, den wir besprochen haben, ein Kinderspiel für den Glauben im Vergleich zu dem, was folgt. Ich nenne einige Momente in diesem 6. Kapitel über das Brot, von dem man lebt. Es geht schon nach der Speisungsgeschichte gespenstisch her: Die Jünger sehen Jesus in der Nacht bei aufgewühltem Wasser über den See gehen, »und sie fürchteten sich«. Dann erklärt er, dass mit dem Brotwunder nicht vorrangig das Brot gemeint sei, das den Hunger stillt. Er selbst erklärt sich als das Brot, von dem alle endgültig satt werden: »Ich bin das Brot des Lebens. Wer zu mir kommt, den wird nicht mehr hungern; und wer an mich glaubt, den wird nicht mehr dürsten.« Wer versteht die Menschen nicht, die sich erstaunt fragen: »Ist dieser nicht Jesus, Josefs Sohn, dessen Vater und Mutter wir kennen?« Jesu Brotrede wird immer schriller, immer hysterischer: »Ich bin das lebendige Brot, das vom Himmel gekommen ist. Wer von diesem Brot isst, der wird leben in Ewigkeit. Dieses Brot ist mein Fleisch, das ich geben werde für das Leben der Welt.« Und dann noch dramatischer, drastischer und unerträglicher: »Wenn ihr nicht das Fleisch des Menschensohnes esst und sein Blut trinkt, so habt ihr kein Leben in euch. Wer mein Fleisch isst und mein Blut trinkt, der hat das ewige Leben. ... Mein Fleisch ist die wahre Speise, und mein Blut ist der wahre Trank.« Kein Wunder, dass die Menschen, die ihn hören, murren und weggehen. Ich wäre vermutlich unter denen gewesen, die kopfschüttelnd gegangen sind.

Was machen wir mit diesem Johannes-Jesus? Vielleicht erspart uns nur das den Widerstand gegen ihn, dass wir diese Worte oft gehört haben; dass viele ihnen zustimmen, wenn sie sie auch nicht glauben. In der Kirche haben wir es oft mit dem Problem einer verwohnten Sprache zu tun, deren Stachel nicht mehr sticht, weil wir sie zu oft gehört haben. Diese verwohnte Sprache verhindert sowohl den Glauben wie auch den Zweifel. Mit ihr kommt man nicht einmal in die Verlegenheit der Menschen von damals, die sich entscheiden müssen, zu gehen oder zu bleiben.

Was machen wir mit diesem Johannes-Jesus? Man kann es natürlich auch machen, wie wir es hier auf dem Kirchentag machen, nämlich die ärgerlichen Teile aus der Brotrede einfach wegfallen lassen und sich auf die Sagbarkeiten beschränken. Das wäre eine Art Verhaustierung der Jesus-Rede. Es gibt manchmal eine klägliche Harmlosigkeit unserer Rede über Christus. Im Interesse der Verständlichkeit entfernen wir die Fremdheit; machen wir sie eingängig, verständlich und von jedermann bejabar. Ich gestehe, ich werde immer nervös, wenn man die Fremdheit und die Schwerverständlichkeit aus der Tradition entfernt; wenn man die Unsäglichkeiten zu Sagbarkeiten macht. Lieber will ich mich an den Traditionen ärgern, sie bezweifeln, sie bekämpfen, als sie zu glätten.

Wie lese ich das 6. Kapitel dieses Evangeliums? Wie lese ich das ganze Johannesevangelium? Ich lese es wie einen einzigen großen Hymnus auf Christus. Ein Hymnus ist kein Text aus einem theologischen Lehrbuch. Einen Hymnus darf man nicht nach seiner Systematik fragen, man kann ihn nicht auslegen wie einen philosophischen Text. Ein Hymnus ist da, um gesungen zu werden, nicht um exegesiert zu werden; ihn zu singen ist die Weise, ihn zu interpretieren. Das Evangelium fängt schon an mit einen Lied: »Im Anfang war das Wort, und das Wort war bei Gott, und Gott war das Wort.« Da gibt es nichts zu interpretieren, aber es gibt etwas zu singen; es gibt etwas zu beten; es gibt etwas, in das man sich fallen lassen kann mit seiner Sehnsucht und Hoffnung. Ein Hymnus ist kein Lehrgedicht. Das heißt nicht, dass er ein inhaltloser Gesang wäre. Es heißt aber, dass der Inhalt nicht durch gedankliche

Klügelei gewonnen wird, sondern indem man sich selbst hinzufügt in den großen Gesang. Wenn ich diesem Text gegenüber in Wörtlichkeiten erstarre, dann ärgert er mich nur; dann ärgert mich die ständig gezeigte Überlegenheit Jesu. Dann ärgern mich die Selbstaussagen Jesu. Dann ärgern mich die gezielten Missverständnisse. Dann ärgert mich die Brotgeschichte, die der johanneische Jesus dazu benützt, sich selber zu erklären und nicht die Not der Menschen zu wenden und ihren Hunger zu stillen. Dann ärgert mich das ständige Spiel zwischen Offenbarung und Verbergung. Das Johannesevangelium zusammen mit den anderen neutestamentlichen Texten erzählt uns etwas über jenen Mann aus Nazareth. Es gibt nicht nur eine Stimme, die uns etwas sagt über jenen Jesus, Josefs Sohn, dessen Vater und Mutter man kennt und der zugleich der Finger Gottes ist; der Finger, mit dem Gott die Unterschrift unter sein eigenes Bild schreibt; sozusagen seine Identitätskarte unterschreibt. Es gibt nicht nur eine Stimme, es gibt viele Stimmen, und nicht selten widersprechen sich die Stimmen. Sie stören unser Interesse an Geschlossenheit, Eindeutigkeit und Systematik der Aussagen über Christus. Wie gesagt: Die Tradition gibt uns nicht nur etwas zu essen, sie gibt uns auch etwas zu kochen. Das heißt, wir sind gewürdigt, an unseren eigenen Glaubensaussagen zu bauen. Übrigens, was ich vorschlage, die Johannesgeschichten zu singen, das kann sich keine Exegetin oder Exeget erlauben. Sie sollen mir sagen, wie es ursprünglich gemeint war. Sie sollen mir sagen, dass das Johannesevangelium die Auseinandersetzung dokumentiert, die eine jüdisch-christliche Gruppe innerhalb der Synagoge, also mit den nicht-christlichen Juden führt. Aber predigen heißt ja nicht Exegese treiben. Es heißt die Wahrheit von gestern für die Kirche von heute ermitteln. Also, wir kommen nicht ohne die Exegeten aus; aber sie allein sind uns nicht genug.

Das Johannesevangelium ist ein Hymnus. Nun gut, aber was singt denn jener Hymnus? Er singt ja nicht nur eine

leere Melodie. Er singt ja nicht nur Lirum, Larum, Löffel-
stiel. Er singt von dem tiefsten Paradox, das man sich denken kann. Er singt von der Verbindung von Göttlichem
und Menschlichem. Da ist Brot, das geteilt wird, und da ist
mehr als Brot. Da ist Wasser wie das der Samariterin am
Brunnen und mehr als Wasser. Da werden die Wunden des
Leibes geheilt und mehr als die Wunden des Leibes. Da ist
ein Mensch, Jesus, der Sohn Josefs aus Nazareth, dessen
Eltern man kennt, und nicht nur ein Mensch. Da stirbt einer unter Qualen am Galgen, und mehr als das: Er wird
erhöht in die Arme Gottes. Das Evangelium sagt uns nicht,
dass das Brot für die Menschen nicht wichtig ist, weil Jesus das eigentliche Brot ist. Es sagt uns nicht, dass das
Wasser nicht wichtig ist, weil er der eigentliche Trank der
Menschheit ist. Einen Gott, der das Brot der Menschen entwichtigt, brauchen wir nicht. Es gibt genug Götter auf dieser Erde, die das Brot der Hungernden nicht ernst nehmen.
Gott nimmt das Brot ernst, indem er Brot wird. Er nimmt
das Wasser ernst, indem er zum Trank wird. Die üblichen
Götter, die sich selbst empfehlen, sagen übrigens nicht: Ich
bin Brot, für euch gebrochen. Sie sagen nicht: Ich bin der
Trank, der euch am Leben hält. Sie sagen eher: Ich bin die
Macht, die euch beherrscht. Ich bin der Größte, dem ihr zu
dienen habt. Der Sohn Gottes als Brot und Trank, Gott als
Brot und Trank – kann es ein schöneres Bild für ihn geben? Gott nimmt die Wunden ernst, indem er unter die
Verwundeten gerät. Die unglaublichste und unentbehrlichste Wahrheit: Gott ist nicht mehr zu trennen von dieser
Welt und vom Schicksal der Menschen. Das Brot, das die
Hungernden untereinander teilen, ist heilig wie das Brot
des Altares. Nein, heiliger: Das eine ist die Wahrheit Gottes, das andere das Zeichen seiner Wahrheit. Das Wasser,
das wir den skrupellosen Wasserhändlern aus den Händen
ringen, ist heilig wie das Taufwasser. Nein, heiliger. Das eine ist die Anwesenheit Gottes in dieser Welt, das andere
das Zeichen seiner Anwesenheit. Das Wort wird Fleisch,

singt der Johannesprolog. Die Wunden dieser Welt sind die Wunden Gottes. »Die Wunden Jesu sind die Wunden unserer Welt. Wenn wir jedoch die Wunden dieser Welt ignorieren, haben wir kein Recht, wie der Apostel Thomas ›Mein Herr und mein Gott‹ zu sagen.« (Thomas Halik, Herder Korrespondenz 67/2) Darum kommt keine Kirche ohne das Kreuz aus, d. h. ohne die Beachtung der Wunden Gottes und der Wunden der Menschen. Gewiss, Gott spielt sich auch im Glück der Menschen ab. Im Glück der Liebe, in der Schönheit der Natur, im Charme der Musik. Auch das gehört zur Inkarnation, und es zu betonen, haben wir lange vergessen.

Noch einmal zurück zum Anfang, zur Geschichte der Brotvermehrung: Es kommt nicht darauf an, dass wir sie glauben. Es kommt darauf an, dass wir sie lieben. Sie lieben aber heißt, sich unter die Brotverteiler zu mischen. Sie lieben heißt, sich unter die Fischverteilerinnen zu mischen. Anders werden wir dem Gott wohl nicht begegnen, der Brot und Wasser, Licht und Tür, Weg und Wahrheit ist.

Einheit statt Einheitlichkeit
Epheser 4,1-6

Eine Sache wird angemahnt, wenn etwas im Argen liegt. Angemahnt wird schon in den frühesten Schriften des Neuen Testamentes die Einheit der Gemeinden, so auch im Epheserbrief: »Seid darauf bedacht, zu wahren die Einheit im Geist durch das Band des Friedens!« Streit gab es von Anfang an. Gerade wenn es um Überzeugungen und Glaubensdinge geht, liegt der Streit nahe und sind die Konflikte nicht leicht zu lösen. Man hat gelegentlich den Eindruck, dass jeder Gesangverein sich leichter einigen kann als die verschiedenen Gruppen in unseren Kirchen. Wie nun kann man »die Einigkeit im Geist durch das Band des Friedens« wahren, zu der der Epheserbrief mahnt?

Man muss zunächst wissen, dass Einigkeit nicht Einheitlichkeit ist. Es gibt in den verschiedenen Gruppen in unserer Kirche die verschiedenen Lesarten des Evangeliums. Das ist nicht zu beklagen, es macht vielmehr die Lebendigkeit der Kirche aus. Das Evangelium kommt nicht als Esperanto, in jede Lesart sind unsere Erwartungen, unsere Leiden und unsere Hoffnungen eingegangen. Das macht sie lebendig, und das macht sie unterschiedlich. Einer Kirche, deren Lehre und Verkündigung zwischen Tokio und Lima dieselbe wäre, müsste man eher misstrauen.

Es gibt zwei Befürworter der puren Einheitlichkeit, das ist einmal das Kontrollinteresse. Einförmigkeit kann man gut überschauen und in Schach halten. Darum sind alle autoritären Systeme an Gleichklang und Gleichschritt interessiert. Die Angst ist die zweite Befürworterin der Uniformität. Je angstbesessener Menschen sind, umso mehr beharren sie auf der eindeutigen, greifbaren, unveränderlichen und für alle geltenden Form der alten Botschaft. Sie besteht dann nur noch aus nicht zu verändernden Zitaten der Nachricht, nicht mehr aus den lebendigen Leseversuchen der Gemeinden. Zu unserer Freiheit und zu unserer Treue gehört es, weiterzuspinnen am Garn der alten Botschaft. Die Tradition ist das Land unserer Herkunft, und sie ist das Land, das wir verlassen müssen, um darin zu wohnen.

Die »Einigkeit im Geist« kann also auf die Einheitlichkeit verzichten, und sie gelingt, wenn die verschiedenen Gruppen in der Kirche »in aller Demut, Sanftmut und Geduld« einander ertragen. Das Leiden aneinander ist nicht zu umgehen. Notwendig ist nur, dass dieses Leiden nicht zur Gewalt gegeneinander und zu Exkommunikationsgelüsten führt. Man könnte vielmehr die Kunst lernen, bei anderen Entwürfen der alten Nachricht und bei den anderen Gruppen Wahrheit zu vermuten. Man könnte zumindest lernen, ihre Entwürfe und Standpunkte zu verstehen. Wir finden in unseren Kirchen nicht selten eine Art von religiösem Autismus, der auf der eigenen Glaubenskonzeption besteht und nicht fähig ist, den Geist und die Logik anderer Konzeptionen wahrzunehmen. Wenn wir unfähig sind, die Logik der anderen Erzählung zu hören, hält sich jede Gruppe für allein seligmachend und kommt nicht heraus aus der Verachtung und der Angst vor den anderen.

Unser Text rät zu einer wundervollen Tugend, der Großmut (Luther übersetzt es mit Demut). Großmut: Die anderen mit ihrer anderen Gestalt des Glaubens für wahrheitsfähig zu halten.

Zwiesprache I: Spiritualität

Warum verziehst du das Gesicht, wenn du das Wort Spiritualität hörst?
Weil es ein Wort ist, bei dem ich nicht mehr weiß, was sich dahinter versteckt und welche Interessen damit verbunden sind. Das Wort treibt seinen Schabernack mit uns. Ich nenne einige Verbindungen, die ich mit dem Wort gefunden habe: Spiritualität im Klassenzimmer, Spiritualität und Gesundheit, Spiritualität des Geldes, Spiritualität des Radios, Spiritualität und Management, Forschungsspiritualität. Wem dient dieses Wort?
Aber du gibst zu, dass die Leute mit dem Wort etwas suchen, was ihnen fehlt? Spiritualität hat etwas mit Geist zu tun. Vielleicht suchen sie Geist in geistlosen Zeiten.
Ja sicher, irgendetwas werden sie schon suchen. Aber es kommt darauf an, was sie suchen. Ich bin mir nicht sicher, ob bei dem Thema Spiritualität und Management gerade der Geist in geistlosen Zeiten gesucht wird oder doch nicht eher Effizienz und Profit. Ich bin nicht sicher, ob bei Spiritualität und Gesundheit nicht doch nur die Steigerung des eigenen Wohlbefindens gesucht wird. Ich bin nicht sicher, ob beim religiösen Gebrauch des Wortes die Menschen die Steigerung der eigenen Frömmigkeit suchen.
Was hast du gegen Wohlbefinden?
Nichts! Aber man soll das Kind beim Namen nennen und es nicht artig kämmen mit dem hohen Wort Spiritualität.
Was hast du dagegen, dass Menschen um ihre eigene Frömmigkeit besorgt sind?
Auch das Interesse an der eigenen Frömmigkeit kann eine verblümte Form des Egoismus sein. Auch diese Suche kann »geistliche Habgier« sein, wie Johannes vom Kreuz es nennt. Religiöser Selbstgenuss ist die komischste Form des Genusses.

Du kannst den Menschen nicht verbieten, nach den Erfah-
rungen in ihrem Glauben zu suchen. Soll der Glaube nicht
mehr sein als eine trockene Zustimmung zu irgendwelchen
Sätzen? Der Glaube war immer mit Erfahrungen verbun-
den. Denk an die Gotteserfahrungen von Franziskus, von
Hildegard von Bingen oder Teresa von Avila! Man kann
auf Dauer nur an das glauben, wobei man wenigstens ein
Angeld von Erfahrung hat.

Vermutlich hast du recht. Aber es ist ein Unterschied, ob mir Erfahrungen gewährt werden oder ob ich sie suche. Wer Gott sucht, macht bestimmte Erfahrungen auf dem Weg seiner Suche; Erfahrungen der Geborgenheit, manchmal des Glücks, der Dunkelheit, der Trostlosigkeit, der Öde und oft genug der Abwesenheit Gottes. Das kann man in den Psalmen lesen. Erfahrungen der Wüste! Wüsten blühen nur selten. Ich höre bei dem amerikanischen Journalisten und Theologen Leon Wieseltier eine Kritik an der Sehnsucht nach religiösen Höhepunktserfahrungen:

»Das Ideal der Epiphanie, der Hunger nach dem, was die Amerikaner ›peak experiences‹ nennen, all das ist ein bisschen feige, ein Versuch, den Konsequenzen des Lebens in der Zeit zu entgehen. Natürlich kann die Epiphanie eintreten, aber nach der Epiphanie wird der Moment nach der Epiphanie eintreten. Die höchste Erfahrung wird ihren Gipfel erreichen. Und irgendwann kommt dann – in ganz alltäglichem Gewand – eine Erfahrung der eschatologischen Enttäuschung.«

Die Bibel berichtet viel von Gotteserfahrungen und von
unmittelbaren Verhältnissen des Menschen zu Gott. Gott
spricht mit Abraham, und dieser antwortet. Er spricht
mit Mose. Die Propheten hören seine Stimme.

Aber im Verlauf der Glaubensgeschichte werden die Erzählungen von unmittelbaren Erfahrungen immer weniger. Wo der Glaube erwachsen wird, da hält er es ohne Erfahrungen aus. Ich kritisiere auch nicht religiöse Erfahrungen, sondern die Erfahrungsversessenheit, die Erfahrungsplanung und Erfahrungsaufsuche. Wer Gott sucht, wie es die Psalmen sagen, der sucht eben Gott und nicht die Erfahrung. Er liebt Gott und nicht seine Erfahrung. Die Glaubenden tanzen ihren Glauben ohne das Sicherheitsnetz der religiösen Erfahrung, das sie ausspannen. Es ist wie in der Liebe: Liebe ich jemanden oder liebe ich die Erfahrung der Liebe? Küsse ich jemanden oder liebe ich die Erfahrung des Küssens? Also nicht die Erfahrung ist mein Problem, sondern der Glaube an die Erfahrung statt des Glaubens an Gott. Zum Glauben gehört Armut, auch Erfahrungsarmut.

Die Kirchen haben mehr Erbarmen mit dem Hunger nach Erfahrung als du; Hunger danach, sich selbst kennenzulernen und wahrzunehmen; Hunger, dem Glauben seine sinnliche Erfahrung nicht vorzuenthalten. Du diskreditierst diesen Hunger?

Hunger will ich nie diskreditieren, wohl aber die illusorische Stillung dieses Hungers; die Fast-Food-Angebote zur Beseitigung des Hungers.

Was heißt das?

Ich schaue mir z. B. die Bildungsangebote vieler kirchlichen Akademien an, die unter dem Obertitel Spiritualität laufen. Es ist oft eine Spiritualität, die den Leuten um den Bart redet. Ich zitiere: Dialog mit den Steinen, Hormon-Yoga für Frauen rund um die Wechseljahre, Instinkternährung und Paddeln. Die Spiritualität des Papierschöpfens. Ich könnte die Reihe fortsetzen. Ich frage mich, ob das nicht die Auflösung der alten Nachricht in leichtmünzige Sagbarkeiten ist.

Du bist und bleibst ein alter griesgrämiger Mönch. Spiritualität soll bei dir immer in höchster Dosierung vorkommen, und du verachtest das Spiel und willst, wie die Kirchen es lange genug getan haben, die spielerische Heiterkeit verbannen.

Ja, vielleicht! Ich gehöre zu einer Generation, der Spiel und Heiterkeit nicht in die Wiege gelegt wurden. Ich lerne also (etwas mühsam), dass Instinkternährung und Edelsteinmeditationen als Themen nicht ausgeschlossen sind. Ich habe aber zwei Fragen an die Kirchen und ihre Arbeit, die eine: Widmen sie sich nicht Themen, die hauptsächlich bei einer bürgerlichen Schicht Beachtung finden? Die Putzfrau und der Maurer haben meistens kein Interesse an Edelsteinmeditationen.

Die andere, meine Hauptfrage: Vergessen die Kirchen bei ihrer Suche nach dieser Art von Spiritualität nicht ihr Hauptziel, die Suche nach dem Reich Gottes? Von Jesus lerne ich nicht meine fromme Vervollkommnung, sondern die Suche nach jenem Reich, in dem den Armen ihr Recht widerfährt; in dem die Letzten die Ersten sein werden und in dem die Weinenden wieder lachen können. Spiritualität ist eine Tätigkeit: Sie ist Gerechtigkeit. Die Frommen wandeln auf dem Weg des Herrn, und sie wissen, dass es keine Gotteserkenntnis ohne Barmherzigkeit gibt. »Er half den Elenden und Armen zum Recht. ... Heißt dies nicht, mich recht erkennen?« (Jeremia 22,16) »Wer in Gott eintaucht, taucht neben den Armen wieder auf«, sagt der französische Bischof Jacques Gaillot. Und so sagt es das wundervolle 58. Kapitel aus Jesaja: Dem Hungrigen das Brot brechen, den Nackten bekleiden, die Elenden aufnehmen – das sind Formen der Frömmigkeit, ohne die alles Beten, Fasten und jeder Gottesdienst Geplärr sind. Nur dessen Heilung wird voranschreiten, nur dessen Gebete und Schreie werden gehört, der die Schreie der Armen nicht überhört. Die prophetische Kritik an der »puren Frömmigkeit«, an der Gottesverehrung an der geschundenen Welt vorbei zieht sich durch die ganze Tradition. Die Frömmigkeit der Frommen steht unter Verdacht: Findet sie Gott in den Gesichtern der Gequälten, oder erschöpft sie sich in der selbstgebastelten Frömmigkeit? Ich rede nicht über die vielen Selbstversuche, die es gibt, sondern dagegen, dass sie das Hauptthema verdrängen: die Suche nach dem Reich Gottes. Im Evangelium (Matthäus 6,33) heißt es: »Suchet zuerst das Reich Gottes. Alles andere wird euch dazugegeben.«

Ist das nicht eine grässliche Instrumentalisierung von Spiritualität? Ist sie dann noch mehr als Zurüstung für politische Arbeit, eine verwendbare Spiritualität, eine Frömmigkeit, die mit Absichten und Zwecken verbunden ist? Auch die besten Zwecke verderben die Sache.

Ich gebe zu, es gibt die Gefahr der revolutionären Pragmatiker. Ihnen sind Gottesdienste so viel wert, wie sie politische Analysen oder Handlungsanweisungen enthalten. Diese Pragmatiker neigen dazu, nur in die Gottesdienste zu gehen, in denen ausdrücklich politische Themen verhandelt werden. Ein jugendlicher Feuerkopf, gerade dem Kloster entlaufen, hat einmal diesen Satz geschrieben: »Das Gebet bereitet den Menschen darauf vor, die Verantwortung für seine Welt zu übernehmen.« Ein solches Gebet wäre mir zwar lieber als all die weltlosen Gebete, die wir sprechen. Aber ein Gebet ist kein Mittel, es ist nicht nur Vorbereitung. Es ist das große Spiel der Trauer, der Klage, des Glücks und des Lobes. Es ist der reine Akt, sich und die Welt vor das Angesicht Gottes zu bringen. Dorothee Sölle würde sagen: Es ist ein Akt der Liebe. Liebe aber beabsichtigt nichts. Ich wünschte, wir würden lernen, wenigstens gelegentlich von Gott nichts zu wollen. Die Gottesdienste als große Petitionsveranstaltungen gehen mir auf die Nerven.

Das kannst du ja mal den Geschundenen dieser Erde sagen: Lernt, von Gott nichts zu wollen!

Du hast recht. Gott zu bestürmen; ihn aus seinem Schlaf zu reißen, dazu haben wir ein Anrecht. »Wach auf, steh auf!«, rufen die Psalmen. Trotzdem, ich beklage, dass unsere Gebete und Gottesdienste so sehr Mitteilungsveranstaltungen geworden sind. Ich wünsche mir wenigstens ab und zu Gottesdienste, in denen wir Gott nichts mitteilen und nichts von ihm wollen. Es ist richtig, dass wir unsere Schreie des Glücks und der Schmerzen im Gottesdienst nicht verbergen. Aber wo hat die große Absichtslosigkeit einen Platz? Wo hat das reine Lob, der reine Gesang auf »aller Dinge Grund und Leben« (Tersteegen) seinen Platz? Wo wollen wir einmal nichts von Gott, außer ihn zu loben und zu ehren? Wo ist Gott einmal nicht unsere Milchkuh, in deren Stall wir nur steigen, wenn wir sie melken wollen? Sich jemandem ohne Absichten und Hintergedanken zu nähern, heißt ihn lieben. Kann der Gedanke, Gott zu lieben, noch einmal gedacht werden?

Ich komme noch einmal auf die spirituellen Sonderformen zurück, die an vielen Stellen angeboten werden, z. B. Exerzitien, Meditationen, Wüstentage. Fallen auch diese Versuche religiöser Selbstgestaltung unter dein päpstliches Anathema?

Auch hier ist die Frage, was ich suche und was ich beabsichtige. Beabsichtige ich mich in der Meditation selbst, dann kann auch sie ein Akt des Narzissmus sein. Aber ich will dies den Meditierenden nicht unterstellen. Was ich bei diesen Versuchen schätze, ist zunächst, dass Menschen etwas tun, was keinen unmittelbaren Zweck verfolgt. Zwecklosigkeiten haben ihre störrische Schönheit in einer effizienzversessenen Gesellschaft. Es ist schön, wie Menschen bei einer solchen Arbeit sich selbst erkennen und auf die eigenen Versteinerungen stoßen. Ich wünsche, dass solche Veranstaltungen Dialoge sind. Man kann sich nicht in sich selbst erkennen. Man kann nicht lernen, wer man ist, wenn man sich nicht in die Fremde wagt. Was kann diese Fremde sein? Die Bibel, die sich mir entgegenstellt; die Führung einer Meisterin zum Beispiel, die mich von mir selbst befreit. Spiritualität ist nicht monologisch, sie ist immer Gespräch mit einem Fremden.

Verfällst du nicht in ein grundsätzliches Misstrauen dir selbst gegenüber? Ist nichts zu erwarten und nichts zu finden, wenn du in deine eigene Tiefe steigst? Ist das nicht nur das alte kirchliche Misstrauen der eigenen sündigen Subjektivität gegenüber?

Das alte Misstrauen gegen sich selbst hat keine schlechten Gründe, obwohl – ich gebe es zu – es viele zum Opfer gemacht hat; vielleicht aber nicht weniger als der neue Optimismus sich selbst gegenüber. Der Wunsch, im Dialog mit dem Fremden sich selbst zu entkommen, bleibt aber nicht stecken im Argwohn gegen sich selbst. Es ist vielmehr die Lust, mehr zu werden, als man von sich aus sein kann. Jede Begegnung macht mich mir fremd und bereichert mich in dieser Fremde. Ich habe »das Recht, ein anderer zu werden« (Dorothee Sölle). Ich habe das Recht, den Willen Gottes zu finden. Dies nehme ich wahr in den spirituellen Aktionen wie Exerzitien, Meditationen und anderen geistlichen Versuchen. Am Rande: Ich liebe vor allem die Straßenexerzitien. Da erfährt man auch die Armut der Armen.

Also: auf in die Exerzitien, Meditationen und in die Wüste!

Also auf! Aber unter einer Bedingung: dass sie nicht Ersatz sind für die alltäglichen, grauen, unspektakulären Arbeiten: das Gebet, die Lesungen, die Losungen, die Gottesdienste. Das sind keine Momente aus der spirituellen Hochsaison. Aber die Treue im Alltag bildet die Seele, und sie sind mehr wert als alle außerordentlichen Seelenhochzeiten.

Also wieder Arbeit und Pflicht. Das hören wir heute nicht gern!

Natürlich! Spiritualität ist Arbeit und kein Pflaumenkuchen.

Zwiesprache II: Gegen Ende des Lebens

Wann hast du dich zum ersten Mal alt gefühlt?

Als ich die Musik nicht mehr verstand, die meine Enkel lieben. Als ich anfing, tote Autoren lieber zu lesen als die gegenwärtigen. Als ich auf dem Friedhof mehr Bekannte hatte als unter den Lebenden.

Was wünschst du dir in dieser Lage?

Die Kraft, mich als endliches Wesen anzunehmen. Ich möchte mit Schmerz und mit Heiterkeit lernen, dass meine Welt nicht die Welt meiner Nachkommen sein muss. Mein Glaube und meine Lebensauffassung sollen nicht zum Diktat der Kommenden werden. Ich möchte resignieren lernen, ich möchte mich mit Dank und ohne Ressentiment verabschieden können.

Gelingt dir das?

Nein! Oder vorsichtiger: manchmal halb. Ich lebe übrigens besser, seit ich mir aus dem Kopf geschlagen habe, es müsse alles ganz gelingen. Wir sind Fragment, das ist nicht nichts!

Glaubst du an die Weisheit des Alters?

Ein halbes Märchen und eine halbe Wahrheit! Vielleicht könnte weise machen, dass man so viel kommen und gehen gesehen hat und dass man kaum etwas ganz ernst nimmt; keine Theorie, keine Denkmode, kein Entwurf, der mit der Pose der Letztlichkeit daherkommt. Man ist gefeit gegen die falschen Absolutheiten. Die Ironie des Alters ist schön, wenn sie nicht zynisch wird. Auch das gibt es.

Vielleicht könnte auch die Einsicht in die eigenen Lebensschulden weise machen, weise und gütiger. In jedem Schuldner erkennt man: Er ist wie ich selbst. Man lernt die Wahrheit des Satzes: Wer ohne Sünde ist, werfe den ersten Stein!

Was hinterlässt du deinen Nachkommen?

Vielleicht einiges, was mir geglückt ist. Was mich schmerzt am Ende des Lebens, sind die Lasten, die wir unseren Kindern vermachen. Wir setzen sie gefangen in den Bannkreis unseres Versagens und unserer Schuld. »Die anderen sind dein Gerichtshof.« (Pascal Mercier) Wir sind der Gerichtshof unserer Kinder in dem, was wir ihnen verweigert und falsch gemacht haben. Sie müssen uns vergeben. Zu wissen, dass die Nachkommen uns vergeben müssen, ist die Voraussetzung dafür, gut mit ihnen zu leben.

Glaubst du an ein letztes Gericht?

Ich hoffe darauf. Wir haben ein Recht darauf, einmal unverhüllt vor dem Antlitz Gottes zu stehen, wo und wie auch immer – das weiß nur Gott. Es ist eine Gnade, zu erkennen, wer wir sind und was wir waren. Wie alles andere ist es ein Geschenk Gottes, dass wir uns selbst nicht verborgen sind und dass wir uns in allem Gelingen und in allen Winkelzügen durchschauen können. Es ist nicht nur Pein, wenn wir uns selber schutzlos sehen und wenn wir gesehen werden, wie wir sind. »Er kennt ja unseres Herzens Grund«, heißt es im 44. Psalm. Vielleicht ist es das Schönste, was man sich denken kann, dass einer, der uns liebt, uns in unseren Schwächen erkennt, ohne dass uns diese Erkenntnis vernichtet. Dass er »unseres Herzens Grund« kennt, besser als wir ihn kennen, ist keine Drohung. Es ist der ganze Lebenstrost. Wer hungert nicht danach, endlich erkannt zu werden! Das Gericht Gottes als ein Akt der Liebe!

Das klingt sehr fromm. Wird man im Alter frömmer?

Man sagt, dass die Alten die Zähne und die Zweifel verlieren. Es stimmt nur das erste. Wenn ich die Welt und ihre Untergänge nicht verleugnen will, kann ich mich nicht mehr zu systematischen Aussagen über Gott verstehen. Der Glaube darf die Widersprüche nicht verleugnen, er muss sie retten. Die Erde ist voll von seiner Güte, sage ich, und ich sehe, wie sie rettungslos verkommt. »Hinfort soll keine Sintflut mehr kommen, die die Erde verdirbt«, lese ich in meiner Bibel, In meiner Zeitung aber lese ich, dass die Fluten Hunderttausende ersäufen. Nein, man kann das nicht auf einen Nenner bringen. Das Gebet ist die einzige Stelle, an der die Widersprüche schweigen. In ihm kann man dem eigenen Unglauben mit Humor begegnen. Wir sind Fragmente, auch in unserem Glauben. Nur Gott ist ganz. Das genügt. Er wird mit meinen schwachen Glaubensversuchen leben können.

Deine Skepsis wundert mich. Du bist doch konservativer geworden, z. B. mit deiner ständigen Betonung der Tradition und der Gottesdienste.

Ich flüchte gerne in das Glaubensgasthaus meiner toten und lebenden Geschwister, also in die Tradition und die Gottesdienste. Es sind kleine Fluchten, die das Herz stärker sein lassen, als es von sich aus sein kann. Sie sind der Rollator für meinen hinkenden Glauben. Ich bin im Gottesdienst nicht allein. »Allein bist du klein!« – auch beim Beten, auch mit meinem Glauben und mit meiner Hoffnung. Ich nehme teil am Glauben von anderen Menschen, und so kann ich leichter das Glaubensbekenntnis sprechen, das Vaterunser und die Psalmen. Ich bin nicht nur auf meinen eigenen windschiefen Glauben angewiesen. Wir teilen den Glauben, wie man Brot teilt in kargen Zeiten. Wenn ich das weiß, dann brauche ich meinen eigenen gebrochenen Glauben nicht zum Maßstab meiner Worte und meiner Lieder zu machen. Gerade wenn man älter geworden ist und seine Niederlagen hat, verzichtet man gern auf sein bisschen Authentizität. Es entsteht eine neue Sehnsucht: sich einzufügen in den Gesang aller, der anwesenden Geschwister, der Engel und der Toten. Man birgt seine eigene zittrige Stimme in das große Lob der Welt. Man fragt nicht mehr danach, ob das Herz auch fromm genug ist zum Beten; ob die Gebete auch echt sind und ob auch alles von innen kommt. Man schüttet die Tränen seines Glücks und seiner Trauer in das große Meer des Lobes Gottes.

Am Ende: Hast du gelebt oder wurdest du gelebt?

Ich weiß nicht, welche meiner Lebensschritte ich wirklich ganz verstehe. Es gibt Grundsituationen der eigenen Existenz, in die man nur eine beschränkte Einsicht hat und an denen uns das Urteil über uns selbst verweigert ist. Warum bin ich ins Kloster eingetreten? Wie haben sich langsam eine Idee und eine Verpflichtung entwickelt? Ich spüre, wie ich oft wenig Herr im eigenen Haus war. War es eine wirkliche Entscheidung? War es Flucht? War es Lebensunfähigkeit nach dem Schicksal eines Kriegskindes und nach dem Tod des Vaters? Einige Gründe kann ich nennen. Sind es die eigentlichen Gründe? Je älter man wird, desto mehr ist man sich selbst ein Rätsel und muss man mit der eigenen Rätselhaftigkeit leben. Warum habe ich meine politischen Entscheidungen getroffen? War ich Mitläufer? Aber ist es eine Schande, mit guten Läufern mitzulaufen? »Wir sind nicht die Bildhauer unserer Gesichtszüge und nicht Regisseure unseres Ernstes, unseres Lachens und Weinens.« (Pascal Mercier) Richtiges und Falsches, Kenntlichkeit und Unkenntlichkeit waren unlösbar miteinander verflochten. Mir bleibt nichts anderes übrig als der Humor meinen eigenen Lebensentscheidungen gegenüber. Mein theologisches Resümee: Man muss sich nicht durchschauen, weil Gott uns kennt. Darum ist Psalm 139 einer meiner liebsten Texte: »Gott, du erforschst mich und kennst mich.« Das ist doch wohl genug.

Zwiesprache III: Fragen, die mir gestellt wurden

»Alle Wege führen nach Rom«?

Alle meine Wege führen an Rom vorbei, viele aber führen zum Katholizismus, seinen Schönheiten und Stärken.

Gibt es Gottesaugenblicke in Ihrem Leben?

Es gibt Zeiten und Ereignisse, die ich als Gottesaugenblicke interpretiere. Wenn ich ein Enkelkind im Arm halte – ein Augenblick tiefer Zuneigung zum Leben. Wenn ich in einer alten Kirche sitze und überlege, wie viele Menschen hier für ihr Glück gedankt, ihre Toten beweint, ihre Schuld bereut und ihre Ängste genannt haben, dann bin ich eins mit dem Leben und seinem besten Namen: Gott. Wenn ich fähig bin, mich über Unrecht zu empören, dann ist es ein Gottesaugenblick.

Staunen Sie manchmal über Gott?

Staunen? Je älter ich werde, desto mehr erschrecke ich vor seinem Geheimnis und vor seiner Dunkelheit. Die Gottesbilder zerbrechen, und der Glaube muss täglich aus dem Grab des Unglaubens auferstehen. Vielleicht ist der Glaubensweg ein Weg, der gesäumt ist von zerbrochenen Gottesbildern.

Kann Gott sterben?

Götzen sterben zum Glück. Vielleicht gehören gelegentlich unsere eigenen Gottesbilder zu jenen Götzen, die sterben müssen. Gott lebt, darauf wette ich (ich weiß allerdings, dass man Wetten verlieren kann).

Was ist einfacher: Glauben oder zweifeln?

Einfacher ist der Zweifel. Der Zweifel bekommt sein reichliches Futter im Leben selber. Man kann seine Berechtigung am Leben ablesen. Den Glauben muss man in das Leben hineinlesen.

Was vermissen Sie an Jesus?

Rein gar nichts.

Würden Sie zu den zehn Geboten noch ein elftes hinzufügen, und welches?

Du, Pfarrer oder Pfarrerin, sollst in der Kirche nicht so viel reden.

Welchen Satz aus dem Mund Jesu mögen Sie besonders?

Matthäus 27,46: »Gott, mein Gott, warum hast du mich verlassen?«

Und welchen übergehen Sie lieber?

Matthäus 18,9: »Wenn dich dein Auge ärgert, dann reiße es aus und wirf es weg.«

Ich kann den Sinn dieses Wortes erkennen. Aber mit solcher religiöser Radikalität ist ein Meer von Unglück in die Welt gekommen.

Was ist das Anliegen Jesu: die Welt verbessern oder die Welt ertragen oder die Welt vergessen?

Die Welt vergessen ist eine Blasphemie, die wir Jesus nicht zutrauen wollen. Ertragen ist ein schönes Wort. Wer in der Welt lebt und liebt, der muss sie auch ertragen. Die Liebe kommt nicht ungeschoren davon, so wenig wie Gott ungeschoren davongekommen ist. Das lehrt mich das Kreuz. Die Welt verändern ist eine der Grundabsichten Jesu. Das lehrt uns die Bergpredigt. Das Kleine soll nicht klein bleiben und das Große nicht groß. Die Ersten sollen zu Letzten werden und die Letzten zu Ersten. Die Lahmen sollen tanzen und die Stummen sollen ihre Lieder finden. Die Tyrannen sollen vom Thron gestürzt und die Niedrigen sollen erhöht werden. Die Sünder sollen an die Tische geholt werden, die eigentlich nicht für sie gedeckt sind. Wenn das keine Veränderung aller Zustände ist! Statt verändern würde ich lieber sagen: Er will die Welt heilen.

Passt Jesus zum Glück?

»Jesus war der glücklichste Mensch«, hat Dorothee Sölle einmal geschrieben. Ja, er war glücklich, wenn man unter Glück nicht individualistische Selbsterfüllung versteht. Mit den Worten Würde, Freiheit und Sinn würde ich das Wort Glück aufschlüsseln. Bei wem finde ich es deutlicher?

Wenn von Gottes dunklen Seiten gesprochen wird, welche nennen Sie zuerst?

Sein Schweigen.

Welcher Gestalt der Menschheitsgeschichte steht Jesus am nächsten?

Man kann viele nennen. Ich nenne Mahatma Gandhi: Er wollte Gerechtigkeit, er wollte den Frieden, er ertrug Gewalt, ohne zurückzuschlagen. Er trug die Gesichtszüge Jesu.

Beten Sie mit Jesus oder auch zu ihm?

Ich bete nicht zu Jesus. Aber ich bete mit ihm, wenn ich in seine Gebete schlüpfe, in das Vaterunser oder in die Psalmen oder in sein »Gott, mein Gott, warum hast du mich verlassen«.

Was bedeutet die Trinität für Ihr Beten?

Weiß ich nicht.

Wie erfahren Sie den Geist?

Erfahren habe ich noch ziemlich wenig. Aber ich glaube an ihn. Ich bin skeptisch der allgemeinen Erfahrungssuche gegenüber. Ich glaube an den Geist Christi, wenn ich meine stammelnden Gebete in das Seufzen des Geistes schütte (Römer 8,26) und wenn ich vor der Deutschen Bank in Frankfurt gegen das Unrechtssystem des Geldes demonstriere.

Welche Frage würden Sie Jesus stellen, wenn er Ihnen heute ein Zehn-Minuten-Interview geben würde?

Keine. Ich würde mit ihm nach Antworten suchen.

Paulus: Nicht mehr ich lebe, sondern Christus lebt in mir (Gal 2,20): Wer bin ich dann?

Ich bin zum Glück nicht nur ich selbst und bin nicht eingekerkert in meine eigene Identität. In einem alten Liebeslied heißt es:

> Du bist min, ich bin din;
> Des solt du gewis sin.

Du bist beslozzen in minem Herzen,
verloren is das slüzzelin;
du muost ouch immer darinne sin.

Das ist ein Identitätentausch, wie ihn die Liebe immer vornimmt. Meine Identität liegt nicht nur in mir selbst. Gott hat sich in unser Herz gesehen, wir uns in seines. Dies ist nicht eine Enteignung, wie Sklaven sich enteignet sind in den Willen ihrer Herren. Es sind Enteignungen der Liebe. Wir preisen sie etwa in dem Lied von Gerhard Tersteegen: Ich senk mich in dich hinunter.

Ich in dir,
du in mir,
lass mich ganz verschwinden,
dich nur sehn und finden.

Es ist ein Glück, dass wir in mehr beheimatet sind als in uns selbst.

Wenn jemand vor Gott fliehen möchte. Wohin raten Sie dem?

Zu Gott.

Neben wem möchten Sie an der himmlischen Hochzeitstafel sitzen?

Neben Dorothee Sölle, meiner verstorbenen Frau. Dann würde alles nicht so gesittet vor sich gehen, und vor allem würde gesungen. Ja, dann noch neben einigen Ketzern, die die Kirche im Lauf der Jahrhunderte verbrannt hat. Aber so viel Ehre wird mir wohl nicht zuteil.

Einfach leben – was bedeutet das für Sie?

So leben, dass ich mit meiner Art die Zukunft der Enkelkinder nicht auffresse. Einfach leben heißt, sich von allen Überflüssigkeiten befreien, denn »überflüssige Dinge machen das Leben überflüssig« (Pasolini).

Was ist Ihnen alles in allem genommen die Hauptsache?

Gott und das Brot der Armen. Mehr Hauptsachen gibt es nicht.

Lieferbare Radius-Bücher. Eine Auswahl

Gerhard Begrich: Engel und Engelgeschichten in der Bibel
Gerhard Begrich: Genesis. Neu übersetzt und erläutert
Gerhard Begrich: Das Hohelied Salomos
   Neu übersetzt und erläutert
Gerhard Begrich: Namen und Namengeschichten in der Bibel
Gerhard Begrich/Jörg Uhle-Wettler (Hg.): Vergessene Texte 1–4
   Assoziationen: Mit den fünf Büchern Mose/den Propheten/
   den Psalmen/den Apokryphen durch das Kirchenjahr
Peter Bichsel: Im Hafen von Bern im Frühling
Peter Bichsel: Möchten Sie Mozart gewesen sein?
Christoph Dinkel (Hg.): Im Namen Gottes. Kanzelreden zu den
   sechs Perikopenreihen. 6 Bände, *auch einzeln erhältlich*
Wolfgang Erk (Hg.): Neues Jahr – neues Glück!
   Literarische Texte zum Geburtstag und zur Jahreswende
Wolfgang Erk (Hg.): Viele gute Wünsche
   Literarische Annäherungen
Traugott Giesen: Bibel-Energie. Die wichtigsten Bibeltexte –
   von damals, aber so gar nicht von gestern
Hannah Green: Ich hab dir nie einen Rosengarten versprochen
Peter Härtling: 80 – Versuch einer Summe
Gotthold Hasenhüttl: Christen gegen Christen
   Der Streit um das gemeinsame Abendmahl
Klaus-Peter Hertzsch: Chancen des Alters. Sieben Thesen
Klaus-Peter Hertzsch: Der ganze Fisch war voll Gesang
Klaus-Peter Hertzsch: Sag meinen Kindern, dass sie weiterziehn
   Erinnerungen
Klaus-Peter Hertzsch: Das Selbstverständliche ist das Erstaunliche
   Predigten, Reden, Texte
Walter Jens: Das A und das O. Die Offenbarung
Walter Jens: Der Römerbrief
Walter Jens: Die vier Evangelien
Eberhard Jüngel: Anfänger
   Herkunft und Zukunft christlicher Existenz
Eberhard Jüngel: Außer sich. Theologische Texte
Eberhard Jüngel: Predigten, Bde. 1 bis 7, *auch einzeln erhältlich*
Otto Kaiser: Das Buch Hiob. Übersetzt und eingeleitet
Otto Kaiser: Kohelet. Das Buch des Predigers Salomo
Otto Kaiser: Weisheit für das Leben. Das Buch Jesus Sirach
Otto Kaiser: Die Weisheit Salomos
Otto Kaiser: Weihnachten im Osterlicht
   Eine biblische Einführung in den christlichen Glauben

Wolf Krötke: Aufatmen. Ost-westliche Einübungen
   in die christliche Freiheit
Werner Krusche: Ich werde nie mehr Geige spielen können
   Erinnerungen
Reiner Kunze: Bleibt nur die eigne Stirn. Ausgewählte Reden
Gerd Lüdemann/Martina Janßen: Bibel der Häretiker
   Nag Hammadi
Henning Luther: Frech achtet die Liebe das Kleine. Predigten
Henning Luther: Religion und Alltag
   Bausteine zu einer Praktischen Theologie
Rüdiger Lux: Grenzgänge des Glaubens
Kurt Marti: DU. Rühmungen
Kurt Marti: geduld und revolte. die gedichte am rand
Kurt Marti: Die gesellige Gottheit. Ein Diskurs
Kurt Marti: gott gerneklein. gedichte
Kurt Marti: Heilige Vergänglichkeit. Spätsätze
Kurt Marti: Prediger Salomo. Weisheit inmitten der Globalisierung
Kurt Marti: Die Psalmen. Annäherungen
Gerhard Marcel Martin: Das Thomas-Evangelium
Gerhard Marcel Martin: Was es heißt: Theologie treiben
Pierangelo Maset: Geistessterben. Eine Diagnose
Elisabeth Moltmann-Wendel: Gib die Dinge der Jugend
   mit Grazie auf. Texte zur Lebenskunst
Martin Scharpe (Hg.): Erdichtet und erzählt I/II
   Das Alte/Das Neue Testament in der Literatur
Martin Scharpe/Wolfgang Erk (Hg.): Tag für Tag
   Literarisches Geburtstagsbuch
Wieland Schmied: Bilder zur Bibel
   Maler aus sieben Jahrhunderten erzählen das Leben Jesu
Wieland Schmied: Von der Schöpfung zur Apokalypse
   Bilder zum Alten Testament und zur Offenbarung
Gunda Schneider-Flume: Realismus der Barmherzigkeit
Friedrich Schorlemmer (Hg.): Das soll Dir bleiben
   Für morgens und abends
Fulbert Steffensky: *siehe Seite 4*
Hanna Wolff: Jesus als Psychotherapeut
Hanna Wolff: Jesus der Mann
   Die Gestalt Jesu in tiefenpsychologischer Sicht
Eva Zeller: Das unverschämte Glück. Neue Gedichte

Radius-Verlag · Alexanderstraße 162 · 70180 Stuttgart
Fon 0711.607 66 66   Fax 0711.607 55 55
www.Radius-Verlag.de   e-Mail: info@radius-verlag.de